# 朝鮮半島
## 危機から平和構築へ

菅英輝
【編著】

# はしがき

一九九〇年一一月ベルリンの壁が崩壊したのに続き、翌年一〇月には東西ドイツの統一が実現し、米ソ冷戦が終わりを告げた。さらに、その翌年七月にはワルシャワ条約機構が解体し、同年一一月にはソ連が崩壊するなど、国際政治には大きな構造的変化が生じた。にもかかわらず、東アジアではヨーロッパにおけるほどの大きな変化は起きなかった。その理由として、東アジアには、「冷戦の残滓」といわれる紛争地域が未解決のまま残されていることが指摘される。東アジアが米ソ冷戦に大きく規定されてきたことは事実である。日米安保体制は冷戦の産物であり、それは冷戦後の今日にいたるまで、日本の政治外交に多大な影響を及ぼしている。また、一九五〇年に勃発した朝鮮戦争に中国義勇軍が参戦した後は、米ソ対立に米中対立が加わり、アジアは米中冷戦にも大きく規定されるようになった。

しかし、米ソ冷戦、米中冷戦だけでは東アジアの現状を十分説明できない面もある。米中対立は一九七二年のニクソン訪中を契機に米中和解に向かい、米中冷戦は七〇年代初めに終ったとする見方が一般的である。九〇年代初めにはヨーロッパの冷戦も終わりを告げた。にもかかわらず、アジアが緊張緩和に向かわないのはなぜであろうか。

朝鮮半島の分断、中台の対立、日ロ間に横たわる北方領土問題、歴史認識をめぐる日本とアジア諸国との摩擦などは、依然として未解決のまま残り、そのことがアジアにおける多国間協調の安全保障枠組み形成の大きな障害になっている。これら未解決の諸問題は「冷戦の残滓」や「冷戦の化石」といった、冷戦との関連でのみ捉える見方では十分でない。むしろ、今日アジアが直面する諸問題の多くは第二次世界大戦の戦後処理が未解決であるという側面を多分に持っている。しかも、そうした多くの未解決の諸問題に日本が歴史的に深く関与してきたこともまた事実であろう。

本書はそうした歴史認識にもとづき、朝鮮半島の緊張緩和と平和共存の可能性を探ることを目指した。朝鮮半島が緊張緩和に動き出せば、東アジア全体の緊張緩和に向けたダイナミズムを作り出すことができるという問題意識が本書の根底にある。また、われわれは共同研究を開始したとき、冷戦後の朝鮮半島をめぐる国際環境にも注目すべき変化が認められ、多国間協議開催に向けた諸条件が整いつつある点に注目した。

本書は二〇〇二年度から一年間実施した共同研究の成果を基にしている。研究プロジェクトを申請したのは二〇〇一年初夏であった。そのとき念頭にあったのは六か国協議実現の可能性であった。一九九八年一〇月金大中大統領が訪日し、日韓共同宣言が発表された。共同宣言で注目されたのは、小渕恵三首相が日本の過去の植民地支配に関して「痛切な反省と心からのお詫び」を表明したのに応えて、金大統領が、これを評価し、今後は「未来志向的な関係を発展」させるために相互に努力することが時代の要請だとして、政府レベルでは歴史認識の問題を今後は持ち出さないと約束したことである。二〇〇〇年六月には金大統領が朝鮮民主主義人民共和国（北朝鮮）を訪問し、金正日総書記との間で史上初の南北首脳会談が開催された。それゆえ、計画書ではこうした動きに注目し、「日本政府が日朝国交正常化のイニシアティブをとることは非常に重要な意味を持つようになっている」と指摘していた。それゆえ、共同研究が開始されて間もない二〇〇二年九月に小泉純一郎首相が訪朝し日朝平壌宣言の発表にいたったことは、われわれ研究班に非常な期待を抱かせた。しかし、日本の外交イニシアティブは拉致問題で躓き、さらに核開発問題でアメリカに楔を打ち込まれ、再び失速することになった。しかし、二〇〇三年三月の報告書の「はしがき」では、われわれの研究成果を踏まえて、「六か国協議が実現可能な条件が形成されつつあり、日本が日韓協調を通して米朝協議を促進するための外交的イニシアティブを発揮すれば、朝鮮半島は緊張緩和に向けて前進する、とのわれわれの思いは益々強くなっている」と記した。[1]

それからおよそ五か月後の八月二七日から二九日の三日間、北京で六か国協議が開催された。初の六か国協議では、核問題の平和的解決、朝鮮半島の非核化などで参加国が一致したことにより、少なくとも今後協議を進めていくにあたっての共通認識ができた。このことは、小さくても重要な第一歩である。それ以上に注目されるのは、朝鮮半島に利害を有する大国も参加した協議の場が冷戦後初めて設定されたことである。このことは、当面の具体的成果の問題を超えて、画期的な意味を持っている。六か国協議が定着すれば、そこから多国間協調の安全保障システムが形成されていく可能性があるからである。

ヨーロッパとは異なり、東アジアやアジア太平洋はいまだに、有効に機能する多国間協調の安全保障枠組みが存在していない。言い換えると、この地域の安全保障はアメリカを中心とした二国間の安全保障条約のネットワークによって維持されてきた。いわゆる「ハブ・アンド・スポーク」である。このような安全保障システムはまた、扇の形にも喩えられる。アメリカが扇の要に位置し、そこからアメリカと安全保障条約を結んでいる二国間関係が扇のように広がっているというイメージである。

それゆえ、六か国協議の定着化が日本外交にとって持つ意味もまた、非常に大きい。戦後日本の外交は日米安保という二国間の安全保障取り決めに大きく依存してきた。二国間関係に過度に依存した構造は、日本の自主外交の展開に大きな制約となってきた。日本はアメリカの戦略の中でしか行動できず、しかもアメリカに振り回されたことは一度や二度のことではなかった。この異常なまでの対米依存外交から脱却するためには、多国間協調にもとづく安全保障システムをこの地域に構築することが必要である。六か国協議の開催が実現したことはその重要な第一歩となるかもしれない。六か国協議の開催を、このような東アジア国際政治史の文脈に位置付けたとき、朝鮮半島の緊張緩和と南北和解の実現は、この地域に多国間安全保障システムを構築できるか否かの鍵を握っていると言っても過言ではない。それゆえ、日朝国交正常化問題と過去の歴史の清算を抱える日本がそのために果す役割と責任もまた、非常に大きいといわなければならない。六か国協議が「失われた機会」とならないようにするために、日本の政治外交の指導者たちは今、重大な政治決断を求められている。日本外交はそのような意味で、歴史の岐路に立っている。

朝鮮半島の対立の構造に関してはしばしば、「冷戦の化石」という言い方がなされる。しかし、この「化石」という表現が与える印象とは異なり、現実の東アジア国際政治は、水面下の複雑で活発な駆引きの下、常に動いているのだと考えておくべきである。一九九四年一〇月の「ジュネーヴ米朝合意枠組み」(2)のアメリカ側代表であったロバート・ガルーチは「政治的決断は一晩でかわりうる」と述べて、次のようなシナリオに言及している。

「明日の朝、国務長官が平壌に対して、次のようなメッセージを送る可能性だってありえます。『ソウルと東京と話しをつけた後、あなたがたとさしで会おうと思いますが、どうですか。ただし、条件があります。さしで会っている間、あなたがたは原子炉を稼動せず、使用済み核燃料棒の再処理もしてはならないということです』と。

それから、日時と場所を決めます。場所は平壌以外ならどこでもいい。その会合で我々は北朝鮮に対して、『あなたがたの要求は分かっています。不可侵の協定でしょう』と言います。

我々は不可侵の協定を与えてもいい。ただ、北政権（金正日政権）の体制を永遠に支持するのではなくて、法理に従うのなら、政権を打倒することはないと言います。

それから、米朝関係正常化と食糧、貿易、投資などの経済支援を提示します。北朝鮮の経済苦境を改善するため、中国、韓国、EUとも協力してやります。さらに枠組み合意を再開します。重油と、軽水炉か発電所を提供します。

これらを北朝鮮が享受するためには、北朝鮮は核不拡散条約（NPT）に復帰し、査察権を受け入れ、高濃縮ウランによる核計画を断念することにイエスと言わなければなりません。さらに国際原子力機関（IAEA）の査察権限を広げた新たな規定を遵守しなければなりません。使用済み燃料棒を即刻、北朝鮮から国外に出してもらいたいと思います。

さらに、弾道ミサイルの輸出と発射実験はやってはいけません。この2点は簡単に検証できることです。われわれはこれ以上の弾道ミサイルの配備と製造を望みません。通常兵器の問題もあります。[3]」

もし朝鮮半島の対立を解くことが可能だとすれば、その最も現実的なシナリオはここにガルーチが描いているロードマップであろう。しかも重要なことは、彼が強調しているように、「これは政治的意思の問題」であり、「政治的な決着の意志があれば、解決への構造は見えて」くるということである。したがって、「今の段階で欠けているのはこの政治的な意志だ」ということになる。いまや、中国がそのような政治的意志を持ち、六か国協議の実現に大きな外交力を発揮した。日本政府もまた、韓国と協調しながら中国の調停外交を支援し、圧力外交のみに傾きがちなアメリカ政府を説得するための外交イニシアティブを発揮できるかどうかが問われているというべきだろう。

朝鮮半島が重要な局面を迎えているいま、本書が半島をめぐる国際政治の歴史と現状を理解するのに役立つことを期待している。本書は五章から成り立っている。南北関係を分析した第1章は、北朝鮮の変化が根本的なものとなっていないと見ており、南北和解に厳しい視線を投げかけているものの、金大中政権の「太陽政策」が南北対話の継続に果した役割を高く評価している。また、「太陽政策」を継続している盧武鉉新政権は南北間交渉に積極的姿勢を維持しながらも、核問題に関する米朝交渉が状況打開の鍵を握っているとの認識の下に、米朝交渉の調停者にその立場をシフトさせてきている点に注目している。アメリカの朝鮮半島政策を扱った第2章は、クリントン政権期には朝鮮半島の非核化、戦争の防止、北朝鮮の体制崩壊の阻止という点では、日本、ロシア、中国、韓国との間に利益を共有するとの認識が形成されたこと、そのような共通認識を背景にクリントン政権末期にはミサイル協議をめぐって、もう少しでクリントン大統領の訪朝が実現するところだった点に注意を喚起している。さらに、ブッシュ政権になり交渉のハードルが引き上げられたものの、イラク情勢の悪化の下で、多国間協議によって平和的に解決する方向に転じた点に新たな可能性を見出している。中国の朝鮮半島政策に焦点を当てた第3章は、中国外交が北朝鮮支持政策から南北両朝鮮との間の等距離外交に変化しただけでなく、さらに半島の平和と安定の維持を重視する政策に力点を移行させたことを指摘し、そうした観点から北の核開発計画問題にも対応していることを明らかにしている。中国が六か国協議の行方の鍵を握っている状況において、中国外交の役割を歴史的な文脈の中で分析した第3章は重要な知見を提供している。ロシアの朝鮮半島政策を扱った第4章では、プーチン政権下のロシアが、南北対話の進展と朝鮮半島の当事者問題解決および南北首脳会談の継続的な推進を目指しており、軍事・安全の面で中立的な立場から南北問題の調停者としての役割を果そうとしている、と分析している。日本の朝鮮半島政策を扱った第5章は、金大中政権の「太陽政策」が半島の緊張緩和を構造的に変えることに貢献した点を評価し、その結果、周辺諸国が南北関係の進捗状況を待たずとも北との関係改善を進められるという環境が生じたことに注目している。そうした状況下で、日本外交の選択の幅が広がり、外交的イニシアティブを発揮する余地が生まれてきていることを指摘している。二〇〇二年九月一八日の小泉訪朝と日朝共同宣言はその具体的成果であった。日本は一方では、米韓の調整役として、かつまた日米韓の合意形成の点で少なからぬ役割をはたすことができる、と結んでいる。

本書の基礎となった共同研究は韓国国際交流財団の財政支援によって可能となった。日韓交流の重要性を理解され、財政面で支援を惜しまれなかった同財団には大いなる敬意と深い謝意を表したい。われわれの研究は九州大学韓国研究センターの有形無形の励ましにも助けられた。石川捷治センター長はじめ委員の方々にも感謝したい。また、必要なときに必要なアシストが得られるという幸運にも恵まれた。

この点については、九州大学比較社会文化学府博士後期課程在学中の森實麻子さんの支援に感謝する。第3章のスナイダー論文の翻訳は彼女の作業による。最後になったが、出版事情の非常に厳しい中、われわれの研究の意義に理解を示され、出版を快諾していただいた社会評論社の松田健二社長、並に編集の労をとっていただいた新孝一氏にも厚くお礼申し上げたい。

［註］

（1）『南北頂上会談以降における朝鮮半島の平和と共存の可能性――北東アジアにおける安全保障にとっての含意――』（平成一四年度韓国国際交流財団共同研究プロジェクト研究成果報告書、二〇〇三年三月）。

（2）"Agreed Framework"は一般に、「枠組み合意」と訳されているが、本書では「合意枠組み」の訳語で統一した。その理由は、米朝交渉の米側首席代表であったガルーチ大使が再三にわたって言及したように、それはあくまで「合意された枠組み」であって「合意」ではないからである。つまりそれは、今後解決すべき課題について取り組む内容をまとめたものであって、条約や協定等とは異なり、一方に不履行があれば他方による約束も実行されない。その意味で、双方の約束履行を想定した双務的性格のものである。以上の理由で、「枠組み合意」は誤解を招き易い訳語であることから、「合意枠組み」を使用することとした。

（3）朝日新聞シンポジウム『日米同盟と北朝鮮の「核」』（二〇〇三年三月二一日）、四二頁。

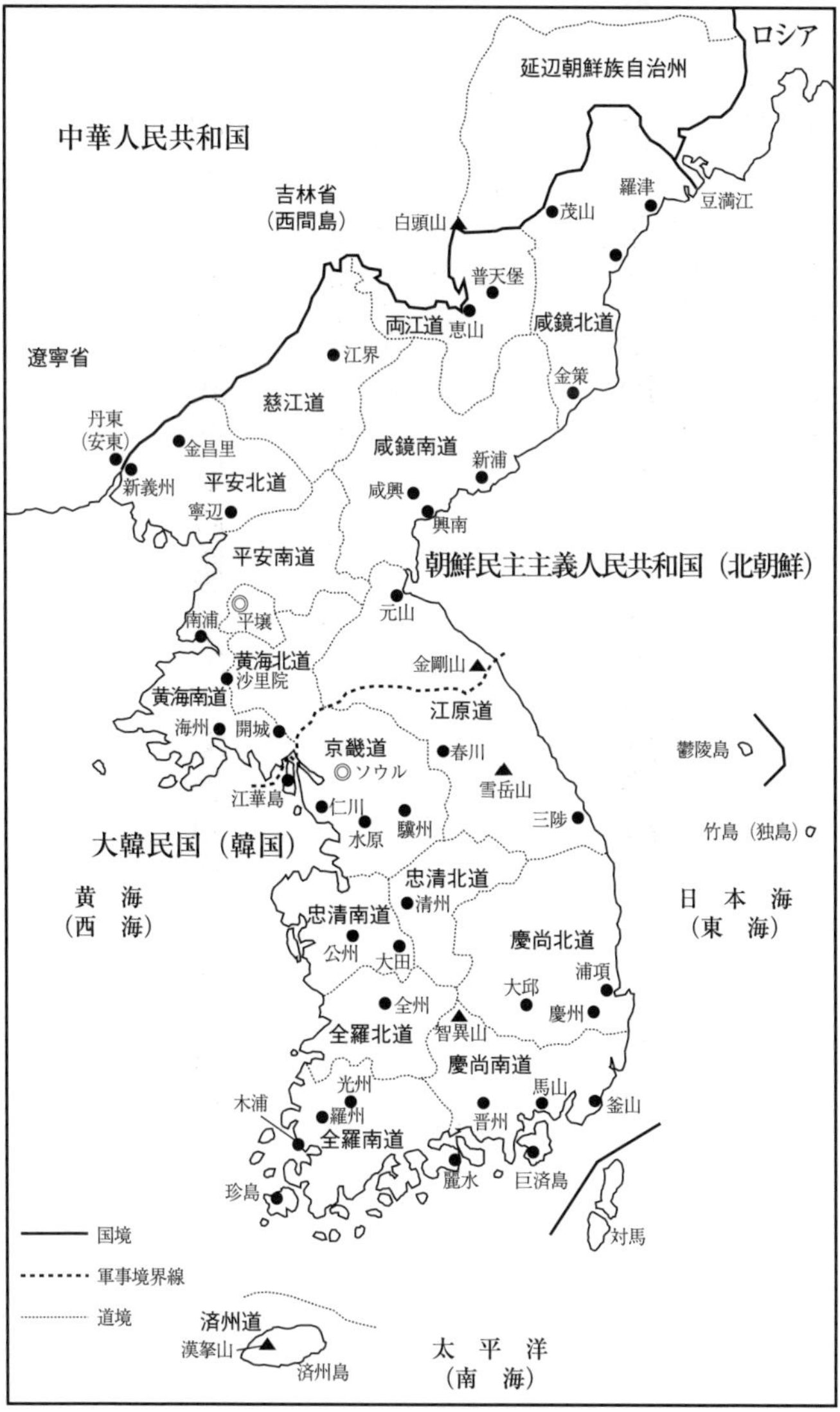
ロシア
延辺朝鮮族自治州
中華人民共和国
吉林省
（西間島）
白頭山
茂山
羅津
豆満江
普天堡
恵山
両江道
咸鏡北道
遼寧省
江界
慈江道
金策
丹東
（安東）
金昌里
咸鏡南道
新浦
新義州
平安北道
咸興
寧辺
興南
平安南道
朝鮮民主主義人民共和国（北朝鮮）
元山
南浦
平壌
金剛山
黄海北道
沙里院
黄海南道
江原道
海州
開城
京畿道
春川
鬱陵島
ソウル
雪岳山
江華島
仁川
驪州
三陟
大韓民国（韓国）
水原
竹島（独島）
忠清北道
黄　海
（西　海）
日　本　海
（東　海）
清州
忠清南道
慶尚北道
公州
大田
浦項
大邱
全州
慶州
智異山
全羅北道
慶尚南道
光州
馬山
木浦
釜山
羅州
晋州
全羅南道
麗水
巨済島
珍島
対馬
国境
軍事境界線
道境
済州道
漢拏山
済州島
太　平　洋
（南　海）

朝鮮半島　危機から平和構築へ●目次

# 第1章　韓国の新しい北朝鮮政策と南北関係のゆくえ

李弘杓
*Lee Hong-Pyo*

## はじめに

朝鮮半島は地球上の最後の冷戦地帯といわれている。朝鮮戦争以来、南北は冷戦期間中、ずっと軍事的、政治的対立を持続してきた。したがって、南北関係は、高い軍事的緊張、相互不信と反目という特徴を有していた。このような状況は一九九〇年代に入って、全地球次元での冷戦が終息したにもかかわらず、基本的に変わっていない。しかし、一九九八年、韓国の新政府が「太陽政策」という新しい北朝鮮政策を推進するようになって、南北関係が量的・質的に変化していく様子が現れ始めた。何よりも、二〇〇〇年六月に開催された歴史的な南北首脳会談を契機に朝鮮半島では緊張緩和が顕著に進み、政府レベルや民間レベルにおいて、以前とは比較にならない程の活発な交流・協力が展開し始めた。このような雰囲気を背景にして、二〇〇〇年一一月に韓国の金大中大統領がノーベル平和賞を受賞し、朝鮮半島に真正な和解と平和の時代が開くかに見えた。

しかし、二〇〇一年に入って、南北関係は再び交錯した状況に陥った。予定されていた南北長官級会談や赤十字会談等が北朝鮮側からの一方的な通報で理由なく取り消され、この過程で離散家族の再会プログラムも中断されただけでなく、朝鮮半島の軍事的緊張緩和のための実質的な措置がほとんど実施されなかった。理由は複合的である。

しかし、最も重要なものとして、南北間の相互不信が払拭されないうちに、相手に対する期待の水準が高まり、相手方の譲歩を期待するようになった点が挙げられる。[1] すなわち、韓国側は、金正日総書記のソウル訪問を通して、首脳会談によって確認された和解と平和の雰囲気を維持し、さらなる軍縮や信頼の構築といった、朝鮮半島の恒久的平和を導き出すための実質的な転機をもたらすことを期待した。一方、北朝鮮側は、韓国側からより大きな規模の経済援助と北朝鮮経済協力を期待したように見える。

これとは別に、ある国家の対外政策は国内外の環境に大きく影響を受けるという観点から見たとき、南北首脳会談以後生じた、朝鮮半島をめぐる情勢変化の影響を挙げることができる。何よりも、二〇〇一年一月に出帆した米国のブッシュ政権が北朝鮮に対して以前より――すなわち、クリントン政権の時より――強硬な政策的立場を固守しているが、これに対する反発として、北朝鮮は韓国との交流協力を忌避しようとする様子を示している。北朝鮮は、南側との交流協力を体制維持に負担を与える要因として認識しており、これに相応な補償――例えば、経済援助と米国による北朝鮮体制の承認――を期待しているからである。ここに、韓国と北朝鮮とが南北関係に臨む立場に大きな違いが生じてくるのである。それはともかく、二〇〇一年以後、南北関係が足踏み状態に陥ることにより、韓国内で太陽政策の実効性に対する疑問が生じ、金大中政権の立地が徐々に弱まった。すなわち、北朝鮮に対する経済支援などを拡大する事が困難となった状況下で、金正日政権は朝鮮半島の平和と和解のための南との接触や対話を可能な限り避けようとする様子を示している。このため南北関係は一方で再び悪循環に陥る傾向を見せながらも、他方では相変らず複雑かつ流動的な姿を浮かび上がらせている。[2]

上述のような流れのなかで、二〇〇二年一〇月、北朝鮮は九四年のジュネーブ合意枠組みにもかかわらず、秘密裏に核兵器を開発していた事実を公開せざるを得なくなった。米国の対北朝鮮政策が硬化し、これに反発して北朝鮮も核開発を再開することを宣言、朝鮮半島の軍事的緊張は再び高まった。戦術的次元で北朝鮮がこういう危機状況を作り出す意図は、朝鮮半島における軍事的緊張を高めて反戦及び戦争に対する恐怖感を造成することで、韓国政府から経済的により一層多くの支援を勝ち取り、さらに米国からは北朝鮮の体制保証の約束を引き出そうとするものである。しかし、ブッシュ政権の北朝鮮に対する既存の立場、すなわち、イラクのフセイン政権と同様に金正日政権の体制転換を目指すという立場に基本的変化はみられないし、米国がイラク戦争を勝利に導いた直後には、こういう立場がむしろより一層強化される動きも現れた。しかし、イラク戦争の後遺症で国内外の状況が悪化したため、ブッシュ政権も当初の立場を和らげて、北朝鮮の体制保証を考慮する姿勢を見せはじめている。これに伴い、北朝鮮もこの問題の平和的な解決のために、米国が提案した多国間協議方式を受け入れる姿勢を見せていて、この問題をめぐって朝鮮半島で軍事的衝突が起きる可能性はそれほど大きいように見えない。しかし、北朝鮮の核問題が再燃し概ね一年が過ぎた時点でも、今後この問題がどのように解決されていくかを予測するのは困難である。9・11テロ以後、「ならず者国家」による大量殺傷兵器の開発に対する憂慮が国際的に広く共有されるようになっていることを考慮すれば、北朝鮮が「ならず者国家」のイメージを完全に払拭しない限り、今後、北朝鮮に対する国際的イメージが悪化し、北朝鮮の国際的孤立が深まる可能性を排除するのは難しい。

北朝鮮の核危機によって朝鮮半島で緊張が再び高まっている状況下、韓国では二〇〇三年二月に金大中政権の太陽政策の継承を宣言した新政府がスタートした。盧武鉉政権は太陽政策に対する国内外の否定的なイメージを勘案して、名称自体も「平和繁栄政策」に変えながら、南北間の和解と平和共存のための対北包容を拡大する方針を明言した[3]。しかし、北朝鮮の核問題が、朝鮮半島の安保のみならず国際的・地域的安保に及ぼす否定的な影響を考慮すると、韓国の新政権は国際的な世論を無視して北朝鮮に対する一方的な支援を軸とする包容政策を強力に推進することはできないのである。なによりも、北朝鮮の核問題に関する米国の強硬な姿勢と国内の否定的な世論などを勘案すると、この問題が解決されていない状況で、南北関係の画期的な進展を期待することは非常に難しいことであろう。それでは、なぜ、この時期、北朝鮮は、再び核兵器開発というイッシューを提起して、南北関係の進展を妨げようとするのか。なぜ、北朝鮮は南側との関係を以前の対決と反目の時代に後戻りさせようとするのだろうか。北朝鮮が今回の核危機を通して得ようとする利益は果して何なのか?

本稿は、このような疑問に答えるために、まず、韓国政府が新しい北朝鮮政策を推進し始めた一九九八年以降の南北関係の変化を分析し、次に、このところ再浮上している北朝鮮の核問題が南北関係に及ぼす影響を中心に分析する。そして、最近の北朝鮮核危機と関連して新たに提起されている争点の分析を通して、南北関係の将来を展望する。すなわち、北朝鮮が朝鮮半島における平和の一方の当事者であることから、金正日政権が核危機の解決次元から提起している様々なイッシューが、朝鮮半島の平和政策に決定的な影響を及ぼすことがあり得ると考えられる。このような仮定のもとで、このようなイッシューが、今後の南北関係、さらには朝鮮半島における平和構築の過程に与える意味を検討する。

## I　金大中政権の新しい北朝鮮政策と南北関係の趨勢

一九九八年四月、金大中政権は「太陽政策」[4]と呼ばれる新しい北朝鮮政策を推進し始めた。一九九八年六月の北朝鮮潜水艇侵入事件以後、「太陽」という言葉がもたらす誤解を避けるため、「包容政策」[5]と呼ばれるようになったが、内容はそのままである。金大中政権は、それまでの政権が対北朝鮮政策の一貫性を喪失し、南北関係の突破口を作るのに失敗したとの認識に基づき、北朝鮮の対南政策の変化如何に関係なく北朝鮮に対する太陽政策を持続しなければならないと主張した。すなわち、北朝鮮政策には、太陽政策以外の代案はない[6]、と言うほどまでの確信と信念に基づき、太陽政策を一貫して推進した。

金大中大統領が、一九九八年二月の就任式で発表した北朝鮮三原則と政経分離原則は太陽政策の基本になった。北朝鮮三原則とは、朝鮮半島の平和を破壊するすべての武力挑発の排除、吸収統一の排除、可能な分野からの和解および交流協力の推進であり、これには政経分離原則に立脚した経済交流の拡大も含まれる。より具体的には、金大中政権は、朝鮮半島で最も急な課題は何よりも平和を維持することにあるとの観点から、「平和なき南北関係の改善および統一は期待することが困難であり、北朝鮮包容政策を効果的かつ積極的に推進するためにも朝鮮半島の平和が前提となるべきである」[7]と認識した。朝鮮半島の平和が包容政策を推進する土台であるのみならず、北朝鮮包容政策が実質的な効果を上げるための環境になるとの立場から、金大中政権は「北朝鮮の挑発を事前に抑制させることが重要である」、との姿勢をとった[8]。また、金大中政権は、南北間の相互異質性がこの間大いに拡大しているため、現状において一方的、かつ急激な統一がなされると、その衝撃と副作用が深刻になると考えた。それゆえ政府は、統一を急ぐより、まず平和共存の関係を定着していくように訴えてきた[9]。このような脈略から、金大中政権は、南北間の不信と敵対感情の解消、民族の同質性の回復が南北関係の改善と統一を達成する早道であり、そのために南北間のより多くの対話と接触、そして協力がなされねばならないと主張してきた。金大中政権は、この間「軍事分野を中心として展開してきた南北間の対決関係を経済分野を中心とする協力関係に変えていく」という意図を表明した。また、「南北間の相互依存関係を形成することにより、北朝鮮の武力挑発の脅威をも根源的に解消することができる」[10]、という前提のもとで、南北間の和解協力政策の妥当性を強調してきた。

金大中政権の北朝鮮政策は、交流を通した和解協力という原則の観点からは、以前の政権の北朝鮮政策とさほど変らない。すでに、一九七二年の朴正熙政権当時、南北対話を通じ、交流協力のための制度的装置を設置しようとしたことがある。また、盧泰愚政権も一九八八年六月に「北朝鮮を敵対視せず、実質的に助ける方向で能動的なレベルから北朝鮮政策を推進すべきである」と明示し、同年七月七日、いわゆる七・七宣言を発表して、北朝鮮との積極的な交流協力を追求した。一九九三年二月に出帆した金泳三政権が推進した北朝鮮政策の基調も協力と交流であった。金泳三大統領は就任演説で、「いずれの同盟国であろうと、民族に勝るものはない」と宣言することによって、北朝鮮が同盟国である米国よりさらに大切であることを示唆した。[11] したがって、金泳三政権は、韓国が友好的な措置をとった場合、北朝鮮もこれに呼応する姿勢を示すという期待をもって、金大中政権の包容政策と類似した北朝鮮宥和政策を推進した。もっとも結果的には、北朝鮮の微温的な反応に失望して、この政策を継続することはできず中断した。

しかし、金大中政権の北朝鮮政策と過去の政権の北朝鮮政策を比較すると、その最も重要な相違点は、その政策の一貫性にある。すなわち、金大中政権は「太陽政策」という北朝鮮政策の手段を一貫して追求してきた。太陽政策は、当初から多くの反発を引き起こしてきた。何よりも、北朝鮮政策の性急さとその一方的性格に対する批判が絶えずなされた。事実、当初、金大中政権は北朝鮮政策についてそれほど積極的であるとはみなされていなかった。当選したばかりの一九九八年一月一二日、金大中大統領はミシェル・カムドシュ国際通貨基金（ＩＭＦ）専務理事と会談した際、韓国の金融危機と経済難に鼓舞されて、北朝鮮が労働者を扇動するはずであるから、一九九八年には経済再生、行政改革、国政改革、国際的信頼の獲得に専念しなければならず、南北問題を大きくとり上げる余力はないことを明らかにした。続いて彼は、「北朝鮮が応じればこちらも応じ、応じなければこちらも応じないであろう」と付け加えた。[12]

しかし、金大中政権の北朝鮮政策は、金大統領の就任前後の慎重な立場とは異なり、就任二か月と経ない一九九八年四月初めに、本格的に、そして歴代いずれの政権より積極的に展開され始めた。特に一九九八年六月の鄭周泳現代グループ会長が牛と車両を北朝鮮に提供したのを契機に、急速に拡大されることとなった。しかし、まさにこの時点から、金大中政権の北朝鮮政策の問題点が露呈し始めた。その問題とは、北朝鮮の対南政策が韓国側の北朝鮮政策に合わせて変化することなく、むしろ挑発的な姿を見せた点に由来している。北朝鮮は、金大中政権の出帆以後、本格的な北朝鮮支援事業が開始される一九九八年六月、しかも牛と車両を引き連れて北朝鮮を訪問した鄭周泳会長がまだソウルに戻ってくる前に、ユーゴ級潜水艇を江原道速草沖《ソクチョ》の韓国領海に侵入させた。

金大中大統領は六月二九日、この事態に対し、「明らかに停戦協定と南北基本合意書に対する違反であり、決して黙過できない」とし、北朝鮮はこれに対する謝罪と再発防止を約束すべきであると強調した[13]。しかし、金大統領は四日後の七月三日、北朝鮮側からの謝罪と再発防止の約束を受ける前に、潜水艇内の北朝鮮軍の浸透要員の死体九体を北へ送還した[14]。おそらく韓国政府はせっかくの機会を迎えて、南北関係の膠着を回避するため死体の北送を急ぎ、謝罪も受けなかったと考えられる。さらに一九九八年九月北朝鮮と金剛山観光問題を協議する際に、韓国政府は当初、観光客の身体の安全を保障するために、政府当局である行政自治部が身体安全保障覚書の主体でなければならないと主張したにもかかわらず、この問題でも北朝鮮に譲歩した[15]。結局、金剛山観光問題は北朝鮮の実質的な政府であるアジア太平洋平和委員会委員長金容淳と韓国の私企業との間でなされたこととされ、一九九九年七月観光客の閔英美《ミンヨンミ》の抑留事件が発生した時、韓国政府はなんの措置をとることもできなかった。国家の役割は国民の生命と財産の保護であるにもかかわらず、金剛山に観光中の韓国国民の身辺は、現代グループという民間企業が保障するという状況が生じた。金容淳委員長は、韓国政府は「金剛山組織観光事業に関与する名分も、体面も、何もない」、と宣言するほどだった[16]。韓国政府が、韓国の観光客の北朝鮮訪問および、韓国資金の北朝鮮社会への流入を通して北朝鮮社会を改革・開放する一助となると主張しているのに対して、北朝鮮側は、これを韓国に向けた社会主義対南統一戦線戦術の一環として捉えていることは明白であった。

また、太陽政策の本質についての批判も絶えず提起されてきた。太陽政策は、一方では宥和的な性格を有しており、他方では大変積極的な側面があることから、混乱をもたらした。なかでも、北朝鮮側の懐疑心は太陽政策の浸透的な性格に根ざしている。金大統領は、「太陽は北朝鮮を包み込むが、陰地にある菌を殺しもする」と述べたうえで、さらに、太陽政策は、「北朝鮮の強硬勢力にとって最も苦しい政策になろう」と付け加えた。大統領は太陽政策が受動的で宥和的な政策でなく、より積極的な意味を有し北朝鮮の政策の変化を誘導するための手段であることを強調したのである。金大統領は、太陽政策は宥和政策でないことを繰り返し、北朝鮮の武力挑発は絶対に許さず、和解協力の道を進むと語った[17]。

太陽政策の伝道師と呼ばれる林東源大統領特別補佐官もまた、当時外交安保首席秘書官の資格で、太陽政策の戦略的目的は、「北朝鮮が着ている閉鎖統制社会という外套、命令型経済体制社会という外套、対南革命のための軍事的対決という外套を脱がせることである」と述べた。さらにこの点を敷衍して、林秘書官は「太陽政策は、時間が少しかかるが、北朝鮮を変化させ、戦わずに勝利しようとするものであるから、事実上北朝鮮が最も嫌う政策である」と語った[18]。言い換えると、太陽政策は北朝鮮の変化を強力に促す、積極的な浸透政策としての意味を有している。

このような太陽政策の両面性（宥和性、浸透性）は、韓国の保守層からは宥和的で一方的であるという批判を、そして北朝鮮からは北朝鮮体制を転覆させるための許せない反北対決政策であるという批判を受けることになった[19]。太陽政策に深い拒絶反応を示す北朝鮮は、「強盛大国論」をもって対抗してきた[20]。

強盛大国とは、思想の強国、軍事の強国を目指し、太陽政策が目的とする北朝鮮体制の変化、北朝鮮軍事力の弱体化という二つの側面を突破しようとする政策である。

その間、太陽政策はこの政策の目立った成果という点に関しても、多くの非難されうる余地を提供した。金大中大統領は、一九九八年六月、韓国国民は気が短いということを指摘して、一年ぐらい見てみれば何かを作り出すことができるだろうと述べたこともあった。[21] しかし、金大統領の予想とは異なり、大統領が楽観的に予測してから一年後の一九九九年六月、南北両側の海軍は、休戦以来史上初の海上戦を引き起こした。実際のところ、金大中政権が北朝鮮に対する太陽政策を発表した一九九八年四月以来、南北関係は軍事的緊張が緩和されるどころか、むしろ絶えることなく継続的に拡大されていた。

一九九八年六月二二日の潜水艇による領海侵入、同年七月一二日の東海岸での北朝鮮兵士と見られる潜水夫の死体発見、同年八月三一日のデポドンミサイル発射による国際的危機状況の発生に続き、さらに九月二八日には北朝鮮の外務次官級の崔洙憲が国連での演説を通して、「朝鮮戦争で二〇世紀を終えるか二一世紀を始める可能性がどの時期よりも高い」と脅迫した。[22] 一九九八年一一月二〇日北朝鮮は再び江華島華島面ジャンゴッ沖の領海に不審船を侵入させ、一二月一八日には麗水沖に半潜水艇を侵入させた。その後も、一九九九年三月のクムチャンリ（金昌里）の核施設疑惑を契機とした緊張状態、一九九九年六月に発生した北朝鮮警備艇の北方限界線（ＮＬＬ）侵入と交戦、そして、七月の金剛山観光客閔英美抑留事件と続いた。この太陽政策が施行されて以降一年間を通して、民間レベルでは交流と協力が増えたものの、政治的、軍事的な緊張状態は全く解消されていないというのが、一般の認識であった。すなわち、金大中大統領が二〇〇〇年の首脳会談で、今後朝鮮半島に戦争はないと宣言したにもかかわらず、相当数の国民がこれに対して確信を持てない状況であった。言うまでもなく、上記のような北朝鮮の絶え間ない挑発が、太陽政策の効果に対する疑問と批判を引き起こす最大の原因であった。[23]

## Ⅱ　太陽政策と南北首脳会談

しかし、このような批判に晒されながらも、金大中政権の持続的な努力——すなわち、国内の批判にもかかわらず一貫して対北朝鮮宥和政策を推進したこと——の結果、南北関係には徐々に質的変化の兆しが見られた。[24] 一九九八年四月に北京で開かれた南北当局代表会談をはじめ、双方の接触が活発となり、一九九九年六月には第一次南北次官級当局者会談が再び北京で開催された。さらに、二〇〇〇年三月には南北首脳会談のための特使接触が中国でなされ、その結果二〇〇〇年六月に平壌で分断以来初の南北首脳会談が開催された。この首脳会談を通して、南北両首脳は相互の理解を増進させ、南北関係を発展させて平和統一を実現する契機とすることとし、次のような内容の共同宣言文を発表した。(1)南北統一問題を自主的に追求し、(2)双方の統一案の共通性を認定して、その方向で統一を指向し、(3)離散家族問題と長期囚問題の速やかな解決に全力を注ぎ、(4)経済協力を通して相互信頼を構築し、(5)以上のような合意を実践するために当局間の対話を早期に開催し、あわせて、(6)金正日北朝鮮最高指導者が早期にソウルを訪問するようにする。すなわち、南北は双方に存在する意見対立と紛争問題を対話と協商を通して平和的に解決すると約束することによって、国際政治史上のいずれの平和条約にも劣らない

▲…金大中韓国大統領を空港に出迎える金正日北朝鮮国防委員長（2000年6月13日）。
［http://www.unikorea.go.kr/data/kne0201/000007/p1_03.jpg］

立派な約束をしたのである。したがって、仮にこの約束が額面通りに守られるならば、朝鮮半島の真正な平和と共存の時代が展開することとなり、南北首脳会談は、南北関係の画期的な進展として評価することができた。

実際に南北首脳会談以後、南北長官級会談が同年七月ソウルで開催されて以来、二〇〇〇年末までに四回開かれた。さらには南北赤十字会談が六月に開催され、それ以降も三回開催された。九月には済州道で分断後初の南北国防長官会談が実現しただけでなく、その後南北経済協力実務接触を連続的に開催して、経済協力、離散家族の再会、京義線鉄道の連結等について合意し、実践している。このような過程で南北間には、政治と軍事的な領域を別とすれば、経済交流、人的交流、協力事業等において、過去とは異なる多くの変化をもたらした。このような交流は、一九九八年四月の韓国政府の「政経分離原則」に立脚した南北経済協力活性化措置以降、民間部門に顕著に現れている。たとえば、一九九八年一一月現代グループの金剛山観光事業の推進により、大規模の人的交流がなされている。一九九八年六月に南北交流協力に関する指針が施行されて以来、二〇〇〇年一二月までの韓国住民の北朝鮮訪問は、それぞれ金剛山観光三七万一六三七人、観光以外の交流一万八六〇一人に達した。北朝鮮住民の韓国訪問は、離散家族対面を含めて一三四三人になっている。そして、南北住民相互のその他の接触は一万三四三五人であり、人的交流の総数は四〇万人を上回るようになった。

一方で、南北間貿易も活気を見せ始め、二〇〇〇年一二月までの総貿易規模は二五億八三万四〇〇〇ドルに達している。北朝鮮からの輸入は一六億六七三万一〇〇〇ドル、輸出額は八億九四一〇万ドルで、北朝鮮が七億一〇〇〇ドルの黒字になった。韓国の全貿易量中南北貿易が占める比重は比較的小さいが、北朝鮮側では全貿易量の二五%に達し、中国に引き続き二番目の貿易相手となっていた。人的交流と物的交流以外にも、二〇〇〇年六月の平壌巧芸団のソウル公演、二〇〇〇年八月の韓国言論社社長一行による訪北とソウルでの南北交響楽団合同演奏会などの協力事業がなされた。その他、経済協力事業と体育分野における協力事業、共同研究事業などにおいても、活発な協力事業が展開されていた。

これらの要因を背景にして、北朝鮮の対南攻勢は目に見えて宥和的なものとなり、対南挑発行為も目立たず、二〇〇〇年は南北の緊張が最も顕著に緩和された年として記録されうる。また、北朝鮮の対外政策上においても著しい変化があり、北朝鮮は南北首脳会談以降、一〇か国余りの国と国交を正常化(25)する一方、アセアン地域安保フォーラム(ARF)にも参加した。二〇〇一年一月には金正日が直接中国の改革・開放の中心地である上海を訪問して、経済的に改革・開放の可能性を強く示唆することもあった。[26] こうしたことから、北朝鮮は全方位外交を積極的に展開するはずであり、経済再建に切実な対外経済協力のために、日米及びヨーロッパ連合（ＥＵ）など西側との関係改善と国際機構への加入を積極的に推進すると予想された。[27] これは、太陽政策が成果を上げ始めたことを意味したのだろうか。

北朝鮮は韓国との関係に関する自国の利益に関わる問題には比較的積極性を見せたが、実際に南北間の緊張緩和に直接的に大きな影響を及ぼす懸案に関しては消極的な姿勢に終始していた。この間、韓国による経済支援は持続的に増加し、二〇〇〇年の一年間だけでも北朝鮮が国際社会から得られた経済支援額の半分以上を韓国が支援した。[28] 一九九八年に太陽政策を開始して以来、二〇〇〇年末までの経済支援額は、総額一億九〇〇〇万ドルを上回っており、このような趨勢は二〇〇一年も続き、一〇月末だけでも北朝鮮経済協力資金として四億六〇〇〇万ドルを使用、北朝鮮に対する国内外の支援は二〇〇一年に入って大幅に増加する傾向にあった。[29]

このような背景の下で、再び頻繁に提起されている問題は、こうした支援は当初予想したような、北朝鮮側からの相応な措置を導き出しているかという点であった。すなわち、北朝鮮が韓国の宥和政策によって、対外的に開放を、そして韓国とは共存を追求する方向に向かっているのか否かである。このような疑問に対する最も直接的な回答は、金正日総書記のソウル答訪であると認識されていた。仮に金総書記が前回の首脳会談の時、国内外に約束した通り、ソウルを訪問して南北問題に関する平和的解決の意志を確認し、具体的な実行計画に合意すれば、南北関係が再び格上げされ、和解と相互協力の雰囲気が急に高まり、結果的に平和共存の可能性を高めるものと期待されていた。しかし、二〇〇〇年末に至るまでに北朝鮮側が見せた反応は、当初の予想に反するものであった。これまでのところ、北朝鮮は国際社会を相手に果敢な外交的接触を続けているが、北朝鮮が、経済領域で本気で制度改革を行なっているという徴候はほとんどなく、それゆえ対外的な開放のために積極的に動き出しているとする証拠は見当たらない。

## Ⅲ　行き詰まる南北関係

そのうえ、二〇〇一年に入って、北朝鮮は南北対話への興味を次第に失っていったように思える。三月の第五次長官級会談を一方的に延期し、その後、南北赤十字会談などすべてのレベルにおける交流と接触が特別な理由なく取り消され、または無期限に延期となった。また、金大中大統領が金正日総書記のソウル訪問を促しても、何の明白な理由も提示しないまま、応じなくなった。

北朝鮮は韓国との対話忌避をブッシュ政権のせいであるとしている。すなわち、ブッシュ政権の強硬な北朝鮮政策により、韓国を訪問して北朝鮮の望む成果を得ることは難しいと判断しているためである。北朝鮮が韓国側に最も求めているものは、電力支援である。しかし、この問題に関して米国側は頑強な反対の立場をとった。なぜなら、これを通じて北朝鮮の電力事情が良くなると、一九九四年ジュネーブ合意枠組みを遵守しない可能性——すなわち、核兵器開発プログラムを再開する可能性——があると判断しているためであった。

このような点をすべて考慮に入れると、首脳会談一周年を契機として、北朝鮮の対南戦略を含めた変化の可能性に関して、懐疑的な見通しが再び浮かび上がってきた。すなわち、平和共存、開放、改革、体制緩和などの基準からすると、北朝鮮は何も変わっていないということである。[30] さらに言えば、北朝鮮の対南戦略と目標は全然変わっていないが、北朝鮮がその間、外交的に国際社会に接近し南北対話をしているのは、より多くの援助を引き出すことにより、北朝鮮の破綻した経済を復興し、政治的孤立を終息させ、結果的に金正日体制の持続的な生存を強固にしようとする目的からである。換言すれば、戦術的な変化に過ぎないということである。

南北首脳会談以後、北朝鮮は上記のように様々な利得を得てきた。しかし、そのうち、韓国内部の経済的、政治的な変化により、北朝鮮に対する一方的で寛大な支援が困難になった。このような状況から、北朝鮮が体制の危険を冒して、韓国との関係拡大を追求するインセンティブを見出すことができなくなった。このような状況のもとで、二〇〇一年の前半からの趨勢は、北朝鮮が再び本来の姿[31]――すなわち、常套的な方式をもって南北対話を避けようとする――に回帰していることを示唆するものであった。代表的な例が、二〇〇一年一一月、一八か月ぶりに再開された第六次南北長官級会談であった。ここで両国はいかなる合意にも達しなかった。南北首脳会談以降、長官級会談が合意なく決裂したのは、これが初めてであった。したがって、一九九八年に太陽政策が開始されて以降の趨勢は、北朝鮮は韓国には何も与えずに相当な額のドルを獲得するなど、韓国から経済的な利得を得たことを示している。[32] このような点から、太陽政策は国内的にも支持率が急激に落ち込み[33]、海外においても、この政策の有効性に対する疑問の声が大きくなった。[34]

先に述べたように、南北関係が再び膠着状態に陥るようになったのは、基本的には、北朝鮮の非協調的で微温的な態度に起因する。金正日政権の閉鎖性と予測不可能性から、北朝鮮の態度の変化に関する正確な理由を把握するのは容易ではない。専ら、北朝鮮の内部事情及び周辺状況を総合した推論だけが可能である。しかし、北朝鮮の対外政策もその他の国家と同じように、国内外の状況に影響を受けざるを得ないことから、二〇〇〇年六月の首脳会談以後、北朝鮮をめぐって展開されている、様々な国内外の状況を考察することによって、北朝鮮の態度変化を説明することができる。

これと関連して、最も重要なのは、北朝鮮関係に臨む韓国側の事情の変化であった。金大中政権の太陽政策の骨子は、北朝鮮に経済的な支援をし、これに相応する措置を北朝鮮から引き出して朝鮮半島の平和と安全を確保しようというものであった。首脳会談は、両国の指導者の間にこのような点に関して了解がなされたため可能であったと一般的に評価されていた。しかし、北朝鮮の立場からすると、南側は、すでに約束した経済的援助の履行に関して、北朝鮮の期待を充足させてはいなかったと受けとめていた。韓国内の保守勢力は、金大中政権が北朝鮮から相応な措置を引き出せないうちに、北朝鮮に対して経済的に過大な援助をしていると批判していたが、反面、北朝鮮は韓国側が約束を履行していないと批判した。この点において、金大中政権は、国内の保守勢力と北朝鮮の要求との間で板挟みの状態におかれた。

二〇〇〇年六月の首脳会談直前に、韓国は北朝鮮に二つの魅力的な動機を与えた。一つは、現代グループの金剛山観光と関連して毎月一二〇〇万ドルの現金を支払うことであり、もう一つは、二〇〇〇年三月、金大統領がドイツのベルリンで、北朝鮮側に社会間接資本施設の建設を支援すると約束したことである。[35] しかし、二〇〇一年初めから、韓国側は、この二つの約束を守るのが困難になった。何よりも、現代グループは企業資金の流動性問題のため、すでに決められた金額を観光代金名目で北朝鮮に払いにくくなったためである。二〇〇一年二月、現代グループは北朝鮮に二〇〇万ドルだけを支払い、三月からは支払いを留保せざるを得なくなった。現代側の資金事情を勘案して、北朝鮮は支払額を当初約定した金額の半分である六〇〇万ドルに削減することに同意したにもかかわらず、現代は支払いを再開することができなかった。一九九九年の場合、北朝鮮の総貿易額は一四億七〇〇〇万ドルであり、この中で輸出は五億ドルに過ぎなかった。したがって、現代が一年間に北朝鮮に支払う総額（一億四〇〇〇万ドル）は、北朝鮮の総輸出の二九％に達する金額であり、現代が支払いを履行しないことは、北朝鮮にとっては経済的に大きな打撃にならざるをえない。現代は金大中政権に助けを求め、北朝鮮に支給する代金の一部を、国営企業である韓国観光公社に支払わせる措置を引き出したが、北朝鮮側からは韓国側の約束履行能力と誠実性とが問われるようになった。したがって、韓国側との交流協力に消極的な立場をとるようになったという推論が可能であろう。

他の側面でも、韓国側は北朝鮮の期待を充足させていなかった。首脳会談以後、韓国側は、二〇〇〇年に六〇万トンの食糧を支援し、二〇〇一年には二〇万トンの肥料を支援した。しかし、当初の約束と異なって、金大中政権は北朝鮮の社会間接資本の建設に関して何も支援することができなかった。この点との関連で最も重要なのは、電力の支援問題だった。北朝鮮は二〇〇〇年一二月に開かれた第四回南北長官級会談で、北朝鮮が必要とする二〇〇万キロワットのうちまず五〇万キロワットの電力支援を韓国側に要求したが、これに反対する国内の保守勢力と米国の立場により、金大中政権はこのような要求に応じられなかった。[36] このような状況下で金正日のソウル訪問は実現されず、南北関係が再び悪循環に陥るようになった。すなわち、特別な進展がなく、足踏み状態になったうえに、南側では北朝鮮包容政策の実効性に対する疑問が高まり、金大中政権の北朝鮮支援を難しくしていった。

このような状況は、二〇〇〇年の後半期からさらに目立つようになった。二〇〇〇年の後半期より、韓国の経済は急激に下降局面に入った。それにもかかわらず、もし金大中政権が首脳会談の直後に現れた包容政策に対する国民の高い支持と合意を維持することが出来たなら、たとえ限定的な規模でも、北朝鮮との約束を履行することができたであろう。しかし、前述の通り、首脳会談以後、北朝鮮が示した微温的な態度のため、南北関係に対する楽観的な雰囲気が急激に冷却し、国内では国会の多数派を占めている野党を中心にして、包容政策に対する批判が次第に高まった。批判の焦点は、主に四つのイッシューに集中した。[37] (1) 首脳会談で採択された南北共同声明で軍事的緊張緩和と朝鮮半島の平和体制の構築に関する具体的な内容に言及されなかったこと、(2) 朝鮮半島の統一方式に関連して、金大中大統領が北朝鮮側の既存の立場を受容し過ぎたこと、(3) 南北首脳会談や共同声明といったことが、国民の意思を聞く手続が省略されたまま急いで進められ、国内において理念的な混乱がもたらされた結果、安保意識が弛緩するようになったこと、(4) 南側の経済支援に対して北側からの相応な措置が充分ではないこと、などがそれである。

しかし、皮肉なことに、金大中政権の包容政策に対する国民の支持は、金大統領のノーベル賞受賞に合わせるかのように、急激に下落し始めた。このような状況は、一面では、国内保守勢力の政治的な攻勢とも関連があった。彼らは、金大統領がノーベル賞が欲しくて北側に過大に譲ってしまったのであり、包容政策はノーベル平和賞のための道具に過ぎなかった、と主張した。特に、韓国の国内政治が地域的に分化された構造的特徴を有している状況の下で、金大統領の出身地と政治的に対立している地域を中心として、包容政策に対する冷笑的な雰囲気が広まった。すなわち、首脳会談の雰囲気によって、包容政策に対する国内の批判は多少下がったが、金大統領のノーベル賞受賞は包容政策に対する国内の支持に亀裂を生み、結果的に南北関係の進展を阻害する要因になった。このような雰囲気は、二〇〇一年と二〇〇二年に施行された三回にわたる比較的大きな規模の国会議員補欠選挙と、二〇〇二年六月の全国地方選挙で、金大統領の率いる政権与党に惨敗をもたらした[38]。その結果、南北関係に関する金大統領の指導力は弱まらざるをえなかった。

金大中政権の太陽政策が初期に成果をあげた最も重要な理由の一つが、米国の支援である。金大中政権は、一九九八年の就任以後、北朝鮮問題と関連して、米国のクリントン政権とかつてないほど良好な関係を維持してきた。また、一九九四年のジュネーブ合意枠組みが朝鮮半島における核危機を鎮火させたとすれば、クリントン政権が推進したペリープロセスは、太陽政策を可能にした最も重要な外的要因であった[39]。しかし、二〇〇一年一月に登場した米国のブッシュ政権と金大中政権との北朝鮮政策と戦略に関する考えは、大きく異なるものであることが明らかになった。ブッシュ政権の外交安保参謀たちは、既に共和党政府が登場する以前から、金大中政権の太陽政策が北朝鮮の軍事的威嚇を放置したまま、あまりにも先に進んでいると批判していた[40]。

米国のブッシュ政権と韓国の金大中政権とは、北朝鮮の意図と、過去数年間に韓国の太陽政策に対応して北朝鮮に現れた変化を解釈するのに、相当な認識の違いを有していたように見えた[41]。ブッシュ政権の関係者たちは、北朝鮮が最近示している一連の変化は、当面の経済危機を克服するための戦術的変化に過ぎず、彼らの真の意図は、「強盛大国」を追求することであると主張している。そして、何よりも北朝鮮を一方的に包容しようとする政策は、金正日体制の生存を延長させて、究極的に朝鮮半島問題をさらに難しくすると認識している。[42] 仮に、このような認識が米国の公式的な北朝鮮政策に反映されていないにしても、ブッシュ政権の北朝鮮認識は金大中政権が太陽政策を採択する際に根拠とした基本認識とは大きな差があった。

ブッシュ政権は北朝鮮協商戦略の面でも、クリントン前政権と大きく異なる姿勢を示している。[43] ブッシュ政権は、北朝鮮と協商することを条件として、相互性と検証を持続的に強調してきている。言い換えれば、金大中政権も北朝鮮との関係において、相互性と検証の原則を守ることを求められるのである。ブッシュ政権によると、国家間の信頼は、これに相応する検証が欠如すると構築することができない。同様の理由で、米国は北朝鮮と協商を通して得られる利得がはっきりする場合にのみ協商するべきである、と主張している。具体的には、北朝鮮を対話のテーブルに導くための誘因策を提供しないことである。すなわち、北朝鮮が核またはミサイルのような大量殺傷兵器を開発しようとした場合、これを中断させるために、過去の誤った行為を改めるまでは、対話または協商をする必要はないとされる。このような姿勢に、北朝鮮は慌てざるを得ない。なぜなら、一九九三年の核開発プログラムをはじめ、北朝鮮は絶えず米国の世界戦略に背馳する行為をとり、国際体制における危機状況を作り出し、このような状況を終息させることの対価として、米国、韓国、日本などの国から様々な援助を引き出して、体制を維持させる戦略をとってきているからである。

その他にも、ブッシュ政権発足後、韓米両国は、北朝鮮政策を調整する際にも不一致の様相を示している。[44] クリントン政権の下では、北朝鮮への対処にさいして、韓米両国の間で役割分担がなされていた。韓国は緊張を緩和し信頼を構築する措置、および軍備を統制し削減することを担当し、米国は核兵器またはミサイルのような大量殺傷兵器に関する問題を解決することと同時に、米日韓三国間の政策調整を主管することである。そして、南北間の平和体制のような問題は、南北間と米中を含む四者会談で解決することが基本原則であった。しかし、ブッシュ政権は、前政権と異なり、北朝鮮に対して新たに通常兵力の削減問題を持ち出してきた。北朝鮮がその経済的な困難にもかかわらず、この間非常に強い軍事力を構築してきたことを考えると、米国が北朝鮮に対して通常兵力の削減を要求するのは、朝鮮半島の安全と平和のためには望ましいことであろう。しかし、このような立場は、南北間の信頼構築や軍縮の過程にとって障碍要因として現れることとなった。なぜなら、韓国の基本的立場は、朝鮮半島での軍縮と米軍の撤収問題を分離するというものだからである。

このため、韓米間で北朝鮮政策を調整しにくくなり、これは結果的に南北関係に否定的な影響を及ぼした。ブッシュ大統領は就任直後に対北朝鮮強硬路線を公言するようになり、北朝鮮はこれに対抗し対米非難をエスカレートさせた。[45] このことが二〇〇一年から南北関係を足踏み状態に陥らせた最も重要な要因のひとつになった。実際に、北朝鮮指導部は、二〇〇一年五月に平壌を訪問したスウェーデンのペルソン首相を通して、金大中大統領にはっきりしたメッセージを伝えた。すなわち、米国の新政権が北朝鮮政策の検討を終るまでは南北関係においても静観（wait and see）の立場を堅持するというものである。[46] 北朝鮮の対外政策において米国が占める比重を勘案すると、このような北朝鮮の立場は一見理解することができるものであった。しかし、二〇〇一年六月に米国政府が北朝鮮と対話を再開する準備ができたと表明したとき、北朝鮮の反応は冷淡なものであった。その後に発生した9・11テロ事件によって、米朝関係はさらに複雑になった。一方で、北朝鮮は米国を相手とする能力も対話を試みる意志もともに弱くなり、他方、米国は当分の間、北朝鮮問題に集中できなくなった。このため、米朝関係は足踏み状態に陥った。[47]

9・11事件後、米国の立場はさらに強硬になった。ブッシュ大統領は、二〇〇二年一月の年頭教書で、北朝鮮を大量殺傷兵器の開発によって世界安保に脅威を与える〝悪の枢軸〟と名指しし、北朝鮮が大量殺傷武器とミサイルの開発を放棄して、国際テロリズムに反対する立場を公に明言しない限り、北朝鮮との関係改善を追求しないことを明らかにした。共和党政府の対北朝鮮政策はクリントン政権時とは異なり、北朝鮮を包容はするものの、北朝鮮の悪行を中止させるためには政治的軍事的圧力も辞さないことを基本としている。[48] 北朝鮮は米国のこのような立場を、北朝鮮に対する「事実上の宣戦布告」だと受けとめると反発して、米国と最も尖鋭に対決する姿勢をとるようになった。その結果、北朝鮮は南側との関係改善にも非協調的な姿勢に転じ、首脳会談以後、和解を追求していた南北関係に再びブレーキがかかるようになった。このような状況を背景にして、北朝鮮は二〇〇二年六月には、西海上で韓国の海軍艦艇に対して発砲し、九人の死傷者が出るなど、再び好戦的な姿勢を示し、南北関係の進展の突破口が見えなくなった。特に、西海交戦は、北朝鮮側の意図的な挑発[49]と見なされ、北朝鮮の国際的な孤立を深める要因となった。

しかし、七月に入って、北朝鮮は物価および賃金引上げ措置などの対内的経済管理の改善措置を導入し、九月には新義州特別行政区を発表するなど、対外的な開放措置をとる一方で、韓国の釜山で開かれたアジア大会に大規模な選手団を派遣して南北間の和解雰囲気の造成に大きく寄与した。[50]そして、九月一七日の小泉首相による平壌訪問をきっかけにして、対外関係の改善に積極的に取り組む姿勢を示した。このような動きを受けて、一〇月には米国の大統領特使が平壌を訪問したが、この間北朝鮮が秘密に核を開発してきた事実が明らかになって、米国の対北朝鮮関係は行き詰まり、日朝正常化交渉も中断され、対南交流協力も推進力を急速に喪失していく傾向にある。北朝鮮の核開発は、韓国のみならず、日本、さらに米国を含んだあらゆる国家に対する重大な安保上の脅威になる恐れがある。[51]しかし、なかでも朝鮮半島に及ぼす影響が大きい。より具体的には、朝鮮半島における軍事力のバランスを急激に北朝鮮側に有利に変えて、韓国に対する安保上の脅威が増加し、その結果、さらに朝鮮半島における軍事的衝突、すなわち、戦争の再発可能性を高めることになりかねない。この問題を差し置いて、南北間の和解と共存を追求することは非現実的である。したがって今後、南北関係の進展は、北朝鮮の核開発問題がどのように解決されるかにかかっているといっても過言ではない。

## Ⅳ　太陽政策の評価と今後の展望

顧みると、金大中政権の太陽政策は一定の成果を挙げたことも事実である。民間次元での交流協力が活性化、多様化される一方、政府次元でも対話と接触がますます頻繁になる趨勢が形成された。[52]このような動きは、非政治的関係が究極的に政治的関係の改善を誘導することができる[53]という点で、一応は肯定的に受けとめることができる。しかし、このような動きにもかかわらず、南北間の政治安保対話において、根本的な相互不信と緊張状態は解消されなかった。実際、二〇〇〇年の首脳会談にもかかわらず、軍事問題に関しては何らの進展もみられない。すなわち、信頼構築のための軍縮または直通電話の設置問題などにおいても北朝鮮側の非協調によって、いままでのところ全く進展がない状態である。その結果、実際に南北双方は、いまだに相手方を最大の敵と見なしているし、敵に対応する南北両側の軍の戦術的教理は、相変わらず存在している。[54] 二〇〇二年六月の西海上での交戦と今度の核開発というイッシューがこのことを劇的に示している。

それゆえ、ここで提起されうる問題は、なぜ北朝鮮がまた核危機を引き起こしたかという点である。北朝鮮の動機を明確に把握するのは決して容易なことでないが、重要なことは、北朝鮮の核政策は一つの独立的な政策というよりは北朝鮮の基本戦略[55]と密接に関連しているという点である。今まで現われた状況を総合してみれば、北朝鮮の動機については、大きく分けて二つの解釈が可能であろう。[56] まず、米国のブッシュ政権の対北強硬路線を考慮すると、韓国との関係改善だけで、自国の経済的困難を含めた体制危機を克服していくことは難しいことが認識されるようになった。したがって、北朝鮮は、核兵器開発計画を再び外交交渉のカードとして駆使することにして、米国、日本、及び韓国などから大規模の経済援助を受けようとするとともに、9・11テロ以後急変した国際安保情勢の下で、米国から自国の体制保証を取り付けようとしているのである。万一、これが米国の抵抗により不可能になった場合には、核保有を現実化させることにより、対韓国軍事優位を確保し、南北関係において主導権を握ろうとする意図がある。特に、核は低費用で対南軍事力の優位を達成することができるから、北朝鮮は核を最も魅力的なカードだと考えている。こういう脈絡で見たとき、北朝鮮の核問題が今後どのように解決されるかを予測することは難しいが、この問題がこれから再び朝鮮半島の安保危機の核心問題として浮上したことから見て、この間韓国の太陽政策に照応して北朝鮮が見せた「和解、協力」を指向する動きは北朝鮮の基本戦略の変化によるものではなく、単純に戦術的な変化に過ぎず、南北関係上の一時的な現象に過ぎないかもしれない。(57)

すでに述べたように、二〇〇〇年の南北首脳会談後に発表された6・15共同宣言の主要内容は、国民的意見の収斂と合意を欠いた状況において、対北朝鮮和解と平和追求に対する国民的合意を妨げる要因として位置付けられる。(58) 特に二〇〇二年一〇月、北朝鮮が再び核危機を引き起こしたことは、二〇〇〇年六月一五日の南北合意に違反していることを自ら認めたことを意味する。にもかかわらず、韓国では、太陽政策の維持問題と北朝鮮の核開発への対応などに関して、激しい論争が繰り広げられている。北朝鮮が核開発を行っているという現実は、南北の関係を改善さえすれば、朝鮮半島に平和が定着するという太陽政策の論理的根拠を揺るがしている。そして、核兵器が他の国の安保に及ぼす否定的な影響を勘案すると、北朝鮮の核開発に対する対応策において、対話だけに固執する対北朝鮮宥和論者らの主張を弱めている。これに伴い、北朝鮮が核開発を進めていると主張したことを契機として、これまで聖域視されてきた太陽政策に反対してきた勢力が声を上げるようになった。太陽政策は北朝鮮だけを支援する親北政策であると攻撃しながら、太陽政策の廃止を主張するようになった。しかし、太陽政策を積極的に支持する勢力は、北朝鮮の核開発にもかかわらず、南北関係の改善のための既存の政策を維持しなくてはならないと主張している。そして、彼らはまた、北朝鮮の核開発に対する米国を始めとする国際社

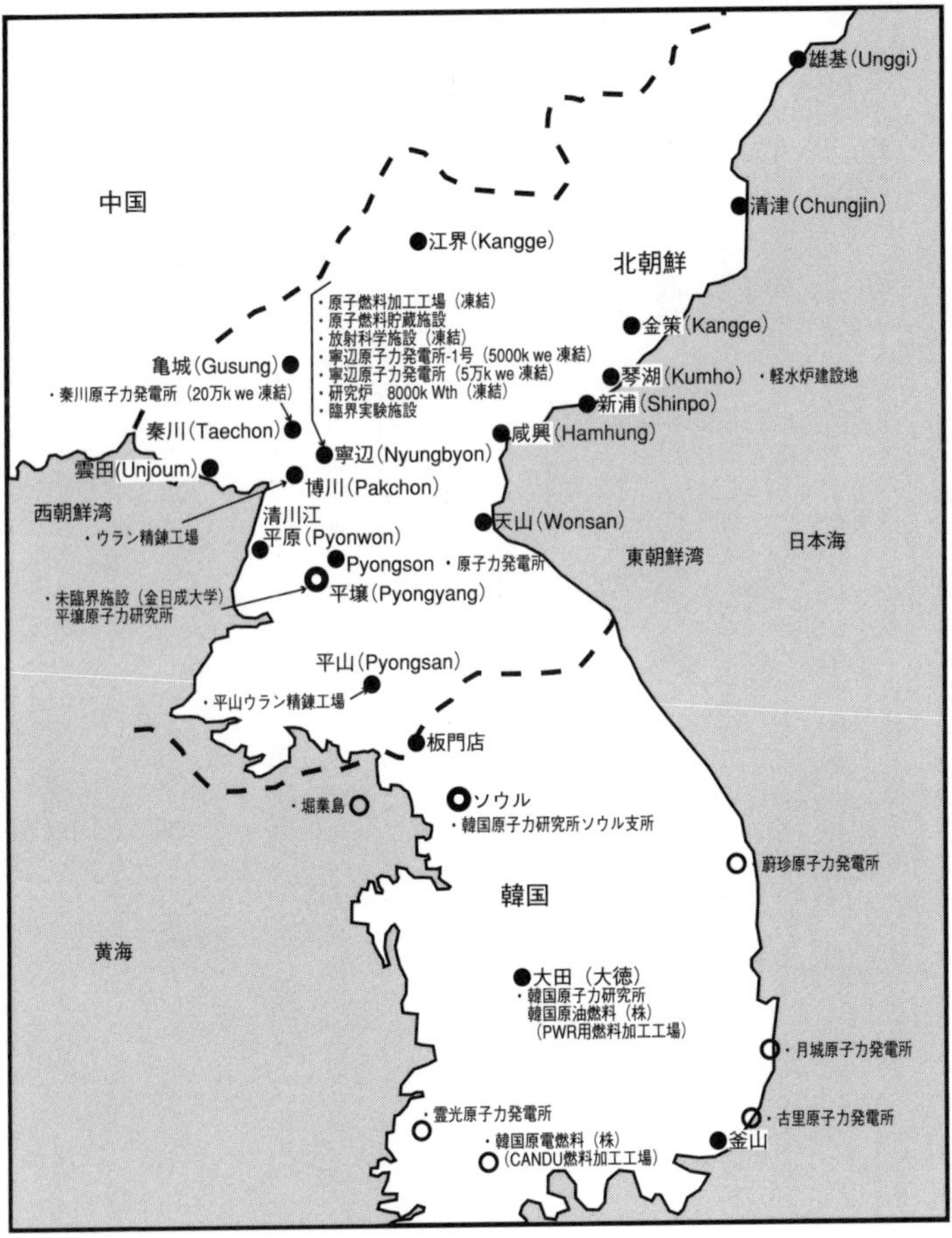


北朝鮮の主要原子力関連施設所在地図

［出典］日本原子力産業会議：アジア諸国　原子力情報ハンドブック
原子力産業会議、（1999年3月）、P.281.

会の強硬な対応に反対している。さらには、韓国が、民族共助の構築というレベルで北朝鮮の立場を理解し自主外交を行わなくてはならず、北朝鮮の核開発問題を解決する上で、韓国が国際社会の仲裁者の役割を果たさなくてはならないと主張している。このような過程で、北朝鮮の核開発と太陽政策をめぐって、韓国内では理念的な対立構造が生じているが、新しく登場した盧武鉉政府は、非常にあいまいな態度を見せている。

こうした状況の中で、北朝鮮は核開発の紛争の当事者として、韓国ではなく、米国を相手にしてきた。これは、北朝鮮が、韓国とは異なり、朝鮮半島の問題を民族共助の次元で解決しようとする感傷主義的な取り組みではなく、戦略的取り組みを行っていることを示している。その結果、朝鮮半島の平和と安保は促進されず、むしろ新たな争点、懸案が浮上しており、南北関係をさらに複雑化させ、飛躍的に進展するのを難しくしている。これと関連して、何よりも重要なのは、再燃した核問題を契機として、北朝鮮が米国に対して、不可侵条約の締結を要求している点である。これは平和協定、平和体制問題を議論する際に、韓国を排除しようという動きである。

北朝鮮が南北の政治、安保対話の核心領域である平和協定問題を米国との対話だけを通して解決しようとする姿勢を示したのは、今に始ったことではない。北朝鮮が核開発計画を再開したのは、体制保証に対する北朝鮮の要求が受け入られなかったことによって、核カードを活用して米国から体制保証を確保するためであると思われる。すなわち、九三年の場合と同じように、「瀬戸際戦術」に北朝鮮体制の命運を賭けてみようという背水の陣である。北朝鮮は、韓国が休戦協定の当事者でないという理由だけで、二〇〇二年一〇月に平壌を訪問した米大統領特使に米国との不可侵条約を主張しており、あわせて駐韓米軍の撤収を要求している。北朝鮮の主張の骨子は、不可侵条約を通して、北朝鮮の生存権と自主権を保証してくれれば、米国と北朝鮮の安保上の憂慮を同時に解消することができるというものである。北朝鮮が米国との不可侵条約の締結を要求したのは、朝鮮半島をめぐる状況において重要な意味を有する。米朝不可侵条約は、米朝の単独平和協定に至る過程の要所であると判断されるからである[59]。北朝鮮は今まで一貫して、現在の朝鮮半島の安保体制が休戦体制として不完全なものであることを最大限活用して、朝鮮半島の軍事、安保問題に関して韓国を完全に排除しようとしてきた。米朝不可侵条約の締結は、韓国を排除したままで米朝両者間の平和協定につながる可能性がある。そうなると、次の段階として、米・北朝鮮単独平和協定は必然的に、駐韓米軍の撤収をもたらすようになるはずである。このような理由から、韓米両国は一貫して、北朝鮮の米朝不可侵条約や米朝単独平和協定の締結に正面から反対してきたのである。

朝鮮半島の平和を構築するための法的装置として主張される「朝鮮半島平和体制の構築」は、現在の休戦体制に代わるための朝鮮半島平和協定の締結を先決要件としており、休戦協定が戦闘行為の停止を意味しているのに比べて、平和協定は戦争の原因を解決して法的に戦争状態を終結させる意味がある。北朝鮮が、朝鮮半島平和体制の要件としての平和協定を締結する際に、韓国を排除しようと一貫して努力していることは、韓国が休戦協定の当事者でなかったということを口実に韓国を対話の相手として認めないことを端的に示す事例であり、北朝鮮の対南戦略の一面をのぞくことができる。このような観点から、たとえ今回の核危機が解決されたとしても、北朝鮮のこのような戦略が変わらない限り、南北関係の実質的な進展は期待し難くなろう[60]。

二〇〇三年八月末現在、北朝鮮の核開発問題をめぐって、米国と北朝鮮間の対立ないし綱引き局面が持続している状況である。米国は北朝鮮の核開発問題に対して、はじめから、非常に断固として一貫した立場を見せている。米国は、北朝鮮が不可逆かつ検証可能な方法で核を解体するまで交渉は不可能であると宣言し、「誘因策を提供せず、決して取引はしない」[61]との立場をとっている。北朝鮮が秘密核開発を追求したことが明らかになった以上、「ジュネーブ核合意は廃棄された」という立場を確実に示し、これに従って、ジュネーブ合意枠組みに基づいて毎年北朝鮮に提供されてきた重油供給が二〇〇二年一二月分より中断された。北朝鮮の核危機と関連した米国の対北朝鮮政策は、無視と圧力に要約することができる[62]。すなわち、北朝鮮の一連の挑発に対して、いちいち差し迫っているように対応するのではなく、周辺国家などとの協力を強化して北朝鮮政権に圧力を加えるための包囲網を構築しようとするものである。

これまでの経過を見ると、北朝鮮は当初の意図と異なり、さしたる成果を出せていないようである。なによりも、ブッシュ政権の対北既存路線、すなわち、イラクのフセイン政権と同じく北朝鮮の金正日政権も交代させなくてはならないという立場に大きな変化はなく、イラク戦争を勝利に導いた直後、このような態度はむしろ硬化したように思える。

こういう状況の中で、北朝鮮は米国との二国間交渉を設けようとした考えを変え、二〇〇三年四月、中国の説得と勧誘を受け入れて、北京で米中北朝鮮三者会談に応じた。続いて、二〇〇三年八月には周辺四か国と南北双方が同時に参加する六者協議に応じた。このような過程で、北朝鮮は「段階的パッケージ形式」(step by step package)の解決案を提案した。すなわち、米国が重油供給、食糧支援、経済支援、軽水炉供給、安全保障などの処置を段階的に実施していけば、北朝鮮もこれに対応し、核問題など米国が憂慮する事項を解消しながら、最終的には核施設の廃棄を行うというものである。現在、核問題の解決策の焦点は、北朝鮮が核放棄を行う見返りとして、北朝鮮の体制保証問題に置かれてきている。ブッシュ政権もイラク戦争の後遺症として、国内外の状況が悪化するや、当初の立場を少し軟化させ、北朝鮮の体制保証を文書として提示することができるという方向に態度を変化させており、これに伴い、北朝鮮も米国との不可侵条約の締結を主張していた既存の強硬な立場から多少態度を軟化させてきている。だが、北朝鮮の対外行為の不確実性と予測不可性を勘案すると、この問題の平和的な解決は早急には期待できない。

こういう状況下で、韓国がこの問題の解決のためにはたすことができる役割は何かが、焦眉の関心事として浮び上がっている。(63) 実際のところ、今回の場合、韓国の「役割」問題は以前とは異なる様相を見せている。韓国政府の基本的な立場は、米朝両国間の仲裁者としての役割を果たそうということである。すなわち、両国による一定の譲歩を通して、核問題を解決しようということだ。例えば、北朝鮮が核開発を放棄する代わりに、米国が書面で北朝鮮の安全を保証し、重油供給を再開させようとするものである。これはミサイル問題が発生した一九九九年から二〇〇一年に至る間に、金大中政権が、米国が大量殺傷兵器問題を専ら担当する代わりに、韓国は南北の懸案事項を専ら担当する、という形での韓米両国間の「役割分担論」を提起したことと同じ脈絡にある。

しかし、このような「仲裁者」としての「役割」と北朝鮮の軍事力の抑止に対する韓米間の「役割分担論」は、民族生存と韓国の国家安保の観点から、韓国内で大きな議論を呼んでいる。核兵器をはじめとする大量殺傷兵器の問題は、本質的に南北の懸案であるのみならず、韓国の国家安保に致命的な脅威をもたらすものであるため、南北間の最優先事項として扱われなければならないのである。しかし、韓国がこのような立場を堅持する限り、北朝鮮は韓国と直接的な交渉をする必要を感じない可能性もある。したがって、このような問題が米国と北朝鮮の間の協商によって解決されうるとしても、北朝鮮は朝鮮半島の平和体制の構築または大量殺傷兵器のような、韓国の国家安保に直接的影響を及ぼす問題をめぐって、韓国との実質的な対話を避けることになり、南北関係の実質的な改善、すなわち和解と平和に向う具体的な動きにはなりにくいのである。

二〇〇三年二月、韓国の盧武鉉政府がスタートして以後、南北間の交流協力は北朝鮮の第二次核危機にもかかわらず多方面でつながっている。二〇〇三年一月ソウルで第九次南北長官級会談が開かれて以後、一〇月まで三回開かれたし、離散家族対面プログラムも間歇的に続いている。人的交流も質的、量的に持続的に拡大される趨勢である。しかし、南北交流のこのような外面的な進展にもかかわらず、北朝鮮は南北間の人的交流の制度的装置、たとえば離散家族の常設面会所設置などには非常に消極的な姿勢を見せている。また、このような過程において、南北間の軍事的信頼の構築や緊張緩和のための核危機の解決などに関しては、意味のある進展がほとんどないといっても過言ではない[64]。一例として、南北間の軍事的緊張緩和の象徴とみなされている南北国防長官会談が二〇〇〇年九月の第一次会談以来いまだに開催されていないことが挙げられる。こうした中でも、北朝鮮は自ら経済的利得になる韓国との経済交流協力にだけは非常に積極的な姿勢を見せている[65]。すなわち、無償利益を狙って、実利を追求しながら、大企業中心の選別的で条件的な交流協力だけを追求する傾向を見せている。したがって、南北間の経済交流を含んだ非政治的な協力が真の信頼構築と和解につながって行くと期待するにはまだ無理があるように思える。

北朝鮮の核危機が再燃して既に一年が過ぎたが、相変らず解決の展望が見えないなかで、北朝鮮が核兵器開発に相変らず執着する姿勢を見せていることは、この問題の長期化を予測させる。北朝鮮の基本戦略と結びついて、核政策の中で北朝鮮が選択することができると予想されるシナリオは、大きく分けて三つである。第一に、基本戦略を変え核を放棄することである。すなわち、北朝鮮がこれまで固守してきた基本的な対米・対南戦略を放棄して、体制生存に優先順位をおき、核を放棄することである。これが皆にとって望ましいシナリオであるが、その実現可能性は非常に薄い。なぜならば、北朝鮮において、核は生存の担保として認識されているだけではなく、北朝鮮の政治体制の維持（金正日独裁体制の維持）に深く関連しているからである。第二に、基本戦略は継続的に追求するが、核は放棄することである。核放棄という用語が含まれていて、多少楽観的なシナリオとして考えられるが、これは慎重な検討が必要である。まず、北朝鮮が完全に屈服するか、または思考を転換させ核を放棄するというのでなければ、北朝鮮は核を放棄しても、基本戦略の展開時に有利な状況を確保できるような条件付きで核を放棄しようとするのである。すなわち、核の放棄を基本戦略展開時の決定的な利益と交換しようとするであろう。北朝鮮が核放棄の対価として追求すると予想される決定的な利益は、⑴朝米不可侵条約の締結と北朝鮮体制の保証、⑵韓米同盟の瓦解（ここには在韓米軍の役割変更が含まれる）などを予想することができよう。第三に、基本戦略を継続的に追求し、核も放棄しないケースである。これは、韓国のみならず、周辺国にとって最悪のシナリオであり、その結果は、皆に災難をもたらすことになる。この場合、北朝鮮の核事態に対する対応策は、軍事力の行使を含み、北朝鮮の崩壊を追求することになり、その場合、朝鮮半島さらには北東アジア地域全体の安保状況が、相当不安定になることが予想される。

北朝鮮の核開発問題は米国の立場からすれば、イラクと問題の深刻さが同じであり、むしろそれ以上のものと指摘されているが、米国が北朝鮮に軍事的に対応することは非常に難しいとみられている。[66]米国が北朝鮮に対して軍事行動をとれない理由として、同盟国である韓日両国が平和的解決を願っていること、アフガニスタンまたはイラクのような三方向から攻撃する軍事作戦を展開することができないこと、在韓米軍を含む多くの人的被害が予想されること、さらには中国及びロシアも北朝鮮の問題を放置することが出来ない、という四点[67]が挙げられる。このような点に照らして最近の動きを総合すれば、最も現実的なシナリオは二番目になると思われる。すなわち、北朝鮮が核放棄の対価として、米国から決定的な利益を得ようとする場合である。ここでも、核放棄の範囲によって、二つの可能性を想定してみることができる。すなわち、基本戦略を追求しながら、核を完全に放棄する場合と、部分的に放棄する場合とである。周知の通り、北朝鮮の核問題は、大きく以下の三つから構成される。(1)過去の核（ジュネーブ合意枠組みの際に解決できなかったもの）、(2)その後、追加製造された核（推定）、(3)輸出。核の完全放棄は、これら三つのすべてが含まれたものであり、不完全な放棄は、二つ目と三つ目を放棄することを意味し、一つ目が除外されるという問題がある。実際、米国の関心は、追加製造と輸出に比重が置かれており、北朝鮮の過去の核を現実的には受容する可能性が否定できないように思われる。したがって、万一、このようなシナリオが現実化した場合、北朝鮮は、基本戦略の展開で決定的な利益を確保できるうえに、核の曖昧性[68]という戦略的に有用な手段を持つようになるであろう。すなわち、このことは長期的には、韓国を含めた周辺国家にとって安保上の脅威になり、結果的には、南北関係における不安定要因として残ることになるだろう。

## おわりに

9・11テロ以後、米国の率いる対テロ戦争への国際的支持は非常に高い状況である。特に米国が対テロ戦争を対外戦略の最優先課題としている状況が、9・11テロ発生後二年経過した現在でも続いていて、今後も相当期間続くことが予想される。このような状況下で、北朝鮮が核またはミサイルのような大量殺傷兵器の開発を武器にして、韓国、日本または米国などを脅して体制維持をしようとするような既存の政策に固執すると、国際社会での北朝鮮への信頼感は、継続して下落せざるを得ないだろう。その結果、韓国政府の北朝鮮政策の選択は幅を狭められる。この点で、南北関係の将来は、第一次的には北朝鮮にかかっているということができる。しかし、現北朝鮮指導部の第一の関心は体制維持であり、核・生物化学兵器およびミサイルなどのいわゆる大量殺傷兵器開発が、北朝鮮の体制維持戦略の核心要素として定着している。(69) 一方で、これまでの様々な試みにもかかわらず、一つの政治体制として北朝鮮の危機は加速している。なぜならば、北朝鮮の危機は、体制矛盾から生じる構造的なものだからである。一九九八年以来、南北関係は、金大中政府の太陽政策により、民間レベルと経済領域での交流協力が増進され、政府レベルでも対話が継続している。このことからすれば、多少進展する兆しがみられるが、和解と平和共存のための実質的な進展は今後とも期待薄だろう。また、北朝鮮体制の矛盾が解消されない限り、南北関係は相変らず高い不確実性と可変的な特徴を示しつづけるだろう。[70] それゆえ、南北関係の見通しは、安保と平和共存の次元では暗くならざるをえないだろう。

［註］

（1）James Miles, "Waiting Out North Korea," *Survival*, Vol. 44, No.2（Summer 2002）, pp.38-39

（2）Akaha Tsuneo, "Introduction: Uncertainty, Complexity and Fluidity on the Korean Peninsula," in Akaha Tsuneo, ed., *The Future of North Korea*（London and New York: Routledge, 2002）, pp.1-2.

（3）盧武鉉大統領は二〇〇三年二月の就任演説の中で対北朝鮮政策と関連して、⑴対話を通した問題の解決、⑵信頼と互恵、⑶当事者中心と国際協力、⑷国民的参加と超党派的協力を新政府の対北朝鮮政策の四大原則とすることを明言した。ここで注目するべきこととしては、太陽政策は一部の国民の間では北朝鮮に対する一方的な経済的支援と北朝鮮との秘密取引として認識されていて、これが太陽政策の推進力を弱める要因であったという点である。この点を勘案して、新政府はこのような認識を払拭するために新しい名称を必要とするようになり、対内的対外的に、透明性、互恵の原則と国民的参加を非常に重視するという立場を強調している。しかし、その目的は太陽政策の基調を継承発展させて対北朝鮮包容政策を持続的に推進するということである。『東亜日報』二〇〇三年二月二四日。

（4）太陽政策の具体的な内容と理論的論議については、Moon Chung-in, "The Sunshine Policy and the Dismantling of the Cold War Structure: Assessing the Korean Summit Talk", *The Korean Summit and the Dismantling of the Cold War Structure* (Seoul: The Institute for Korean Unification Studies, Yonsei University, 2002).

（5）一九九八年六月の北朝鮮の潜水艇侵入およびこれに対する政府の微温的対応に批判が提起され始めて

以降、太陽政策という用語に代えて、「包容政策」という用語が主に使われている。
（6）金大中大統領は、一九九二年の大統領選挙で敗北し、一九九四年九月米国ワシントンDCのヘリテージ財団で行った講演で、太陽政策が北朝鮮のような国際的に孤立した国を相手とする際に有効な唯一の政策であると主張した。Kim Dae-jung, "Don't Take the Sunshine Away", in *Korea and Asia: A Collection of Essays, Speeches and Discussions* (Seoul : The Kim Dae-jung Peace Foundation, 1994), p.33.
（7）韓国統一部、『98統一白書』ソウル：統一部、一九九八年三月、三五—三六頁。
（8）同上、三六頁。
（9）同上、三七頁。
（10）同上。
（11）鄭鎔碩『太陽政策：期待と挫折』ソウル：自由社、一九九九年、三九頁。
（12）『世界日報』一九九八年一月一三日。
（13）『朝鮮日報』一九九八年六月三〇日。
（14）一九九六年九月にこれと類似の事件が江原道で発生した時、金泳三大統領は北朝鮮に謝罪を求めるために、三か月の間、北朝鮮の武装共匪（武装工作員）の死体を北送しないで対抗しており、結局は北朝鮮の謝罪を受けた後に死体を返還した。金大中大統領は、最初に謝罪を受けなければならないという強硬な立場を表明したが、北朝鮮側の謝罪と再発防止の約束を受けることよりも、急いで問題を解決したがっているという印象を残した。
（15）『朝鮮日報』一九九八年九月一日。
（16）「北、韓国政府、金剛山観光に関与するな」『朝鮮日報』一九九八年九月二日。
（17）『東亜日報』一九九八年七月一日。
（18）『東亜日報』一九九八年七月一〇日。

(19)「太陽政策は、反北政策：北朝鮮金容淳の非難」『朝鮮日報』一九九九年二月五日。
(20) 一例として、北朝鮮は一九九八年の報道を通して、「北朝鮮は思想と軍事の強国になった」と強調しながら、「経済建設より重要なことは軍隊を強くさせることであり、銃隊が強ければ強大な国になることができる」と主張した。『国防白書1998』ソウル：国防部、一九九八年、三五頁。
(21)「金大統領の仁村記念講座特講」『東亜日報』一九九八年七月一日。
(22)『朝鮮日報』一九九八年九月三〇日。
(23)『文化日報』二〇〇〇年六月二六日。
(24) 太陽政策は南北関係に画期的な変化をもたらすことはなかったが、非政治的な部分における交流を活性化させ変化を促したとの認識も存在する。例えば、Moon Chung-in, "Understanding the DJ Doctrine: The Sunshine Policy and the Korea Peninsula, " in Moon Chung-in and David I. Steinberg, eds., *Kim Dae-jung Government and Sunshine Policy: Promises and Challenges* (Seoul: Yonsei University, 1999), pp. 47-50.
(25) フィリピンとの正常化（二〇〇〇年七月）を皮切りに英国（一二月）、オランダ（二〇〇一年一月）、ベルギー（一月）、カナダ（二月）、スペイン（二月）、ドイツ（三月）、ルクセンブルグ（三月）、ギリシャ（三月）及びブラジル（三月）などと、次々国交を樹立した。北朝鮮は南北首脳会談以前にすでにイタリア（二〇〇〇年一月）、オーストラリア（二〇〇〇年五月）と国交を正常化させており、二〇〇〇年は北朝鮮の対外関係の領域において、一九九四年の金日成主席死後最も活発な一年であった。
(26)「上海天地開闢の前にたった金正日」『朝鮮日報』二〇〇一年一月二一日。
(27)「急進展が見られる北朝鮮――ヨーロッパ連合関係」『連合ニュース』二〇〇一年三月八日。
(28) 二〇〇〇年に国際社会が北朝鮮に支援した二億二〇四二万ドルのなかで、韓国が支援した金額が全体の五二%（一億一三七六万ドル）に達している。これに比べて、一九九九年と一九九八年の韓国の北朝鮮支援規模は、それぞれ四六八八万ドル、三一八五万ドルであり、同年国際社会が行った北朝鮮支援総額のそれぞれ一一・六%、九・五%に過ぎなかった。これは南北首脳会談前後の時期に、韓国が北朝鮮に対して最も積極的な経済支援を行っていたことを意味する。『朝鮮日報』二〇〇一年一月五日。

(29) 二〇〇一年上半期、トウモロコシや肥料など、韓国の対北朝鮮支援の規模は一・一億ドルとなり、昨年同時期の一・七倍程度に増加した。『朝鮮日報』二〇〇一年七月六日。

(30) 当然、このような主張に対する反論もある。このような反論の主な内容は、北朝鮮の場合、経済が変化せざるを得ず、これに伴って政治も変化するというものである。言い換えれば、北朝鮮の場合、経済難の解消のためには外資が必要であり、結局は西側との関係を正常化すべきである点を認識している。このために、北朝鮮は漸次的に軍事戦略上の修正までも、不可避的に受け入れざるをえないであろうとされている。このような反論に対する再反論もある。**Nicholas Eberstadt, *The End of North Korea*（Washington, D.C.: The AEI Press, 1999）, pp.71-78.**

(31) ある北朝鮮専門家によると、北朝鮮が会談に関心がない時に、これを中断させる典型的な手法がある。すなわち、会談の日を決めないように努力する。そうするうちに、やっと会談の日が決まったら一方的に延期し、また会談が開催されても進展がなく、すでに論議され、または合意されたことを二度も、三度も繰り返すという手法である。具体的にいえば、第一に、既存の合意に対する解釈を異なった方式で提示して南北対話を忌避し、第二に、そうしながら北朝鮮側の一方的な解釈に基づいた合意の履行を強調し、第三に、実際に会談に臨まないということである。この専門家の観察によると、今回もこのような過程が繰り返されている点から、北朝鮮はこれからも相当の期間は韓国との会談を避けようとすることが予測されると見る。李東復「南北関係、次の政権へ……」『朝鮮日報』二〇〇一年一一月一四日。

(32) 米国のブルッキングス研究所は、二〇〇一年三月に発表した『東北アジア概観2000―2001』で、北朝鮮は南北対話を通して経済的利得のみを得ようとしており、全く変わっていないと指摘している。

『朝鮮日報』二〇〇一年三月一七日。

（33）二〇〇一年六月に『朝鮮日報』が実施した世論調査によると、「金大統領の最近の北朝鮮政策は良くなっていると見ますか」という設問に対して、「良くなっている」という答えが、前年二月のギャロップ調査の四九％から三三・九％に低下した反面、「良くなっていない」という答えは、二五・八％から四三・九％と、大幅に高くなった。『朝鮮日報』二〇〇一年六月一一日。

（34）理由は比較的に単純である。国内経済に対する懸念が広がるなかで、韓国国民は、食糧援助などを受けながらも南北家族の面会などを拒否し、電力を要求しながらも南北間の道路および鉄路復旧といった約束の履行を拒否している金正日に対して信頼を喪失し、嫌気を感じるようになったからである。例えば、Roser Dean Du Mars, "There Goes the Sun" *Asia Week*, September 14, 2001 と *New York Times*, September 5, 2001 参照。

（35）金大中大統領は二〇〇〇年三月にドイツのベルリンでいわゆる「ベルリン宣言」を発表したさいに、北朝鮮が対南和解協力を追求するならば、北朝鮮の道路、港湾、発電所などの社会間接資本施設の建設を支援する用意のあることを表明した。

（36）「対北電力支援、米要請により保留」『朝鮮日報』二〇〇一年七月二一日。

（37）Moon Chung-in, "Sustaining Inter-Korea Reconciliation : North-South Cooperation," *The Challenges of Reconciliation and Reform in Korea,* (Washington, D.C.: The Korean Economic Institute of America), 2002, pp.239- 240.

（38）政権与党が主要選挙で連続して敗れた要因は当然、様々である。しかし、重要なのは、太陽政策の副作用や不十分な成果に対する保守勢力の反発が主な要因として挙げられたことである。

（39）Moon Chung-in, "Sustaining Inter-Korea Reconciliation : North-South Cooperation," *op.cit.*, pp.239-240.

(40) この点でブッシュ政権は以前のクリントン政権とは大きな差がある。民主党政権は、相対的に韓国政府の対北朝鮮政策の立場と主導に対して肯定的であった。特に、クリントン大統領自身は金大中大統領の対北朝鮮政策路線に対する熱烈な支持者であった。この点に関するより詳細な分析は、鄭玉任「脱冷戦期の米国の対北朝鮮政策と国内政治：選挙及び政権交替との因果性分析」『世宗政策研究』ソウル：世宗研究所、二〇〇二年参照。

(41) この問題に関する簡明な分析は、重村智計「亀裂深まる米韓関係」『世界週報』二〇〇一年四月三日。

(42) Balbina Hwang, "The Bush Administration's Cautious Approach to North Korea," *The Heritage Foundation Backgrounder*, No.1455, July 6, 2001.

(43) より詳しい論議は、Lee Chae-jin, "U.S. Policy Toward North Korea: Engagement and Deterrence," *The Challenges of Reconciliation and Reform in Korea* (Washington, D.C.: The Korean Economic Institute of America, 2002), pp.241-243.

(44) より詳しい論議は、Moon Chung-in, "Sustaining Inter-Korean Reconciliation: North-South Cooperation," *op.cit.*, pp.241-243

(45) ブッシュ政権の対北朝鮮強硬政策に対して、北朝鮮は非常に否定的で強硬な反応を見せた。北朝鮮外務省のスポークスマン声明（二〇〇一年二月二一日）は、ブッシュ政権の相互主義、段階的接近、軽水炉事業の遅延、ミサイル防御体制の構築などを非難して、ミサイル問題に関する北朝鮮の提案が受容されない場合、ミサイル発射を再開することができると示唆した。「北朝鮮外務省スポークスマン談話」『朝鮮中央通信』二〇〇一年二月二一日。

(46) 「ペルソンが残したもの」『朝鮮日報』二〇〇一年五月五日。

(47) Mel Gurtov, "Common Security in North Korea: Quest for a New Paradigm in Inter-Korean Relations," *Asian Survey*, Vol.42, No.3, May/June, 2002, pp.413-414.

(48) Victor D. Cha, "Korea's Place in the Axis," *Foreign Affairs*, Vol.81, No.3, May/June 2002, pp.79-92.

(49) 二〇〇二年六月三〇日の韓国国防部政策室長の記者会見を参照（ソウル連合ニュース、二〇〇二年六月三〇日）。

(50) 北朝鮮のアジア大会への参加は南北間の体育交流の最も画期的な転機となったと受けとめられている。分断以後、韓国で開かれる総合競技大会に北朝鮮が参加したことは初めてだからである。ソウルで開かれた一九八六年のアジア大会と一九八八年のオリンピックに参加しなかった北朝鮮が、三〇〇人を越える大規模選手団を釜山に派遣したことは、一時的にも韓国内に北朝鮮旋風を呼び起こし、南北和解の雰囲気醸成に寄与したと評価されている。

(51) この点に関する簡明な議論は、Gary Samore, "The North Korean Nuclear Crisis," *Survival*, Vol.45, No.1, Spring 2003, pp.23-24.

(52) 一九九八年二月の金大中政府のスタート以後、二〇〇二年一二月末までに、韓国住民の北朝鮮訪問は総数三万七五七二人（年平均七五一四人）であった。一方、北朝鮮住民の韓国訪問も二〇一一人（年平均四〇二人）に大きく増えた。この期間の南北貿易も総額二〇億二五二二万ドル（年平均四億五〇四万ドル）に達した。年度ごとに見ると、一九九八年に二億二二〇〇万ドル、一九九九年に三億三三〇〇万ドル、二〇〇〇年に四億二五〇〇万ドル、二〇〇一年に四億三〇〇〇万ドル、二〇〇二年に六億四二〇〇万ドルを記録し、増加傾向にある。これとともに、二〇〇〇年六月の南北首脳会談と6・15共同宣言以後、合意事項の実践のための各種南北対話は二〇〇三年一月まで約六〇回開催された。ここには長官級会談、特使会談など政治分野が一三回、国防長官会談、軍事実務会談などの軍事分野が一七回、経済協力推進委員会、実務協議会などの経済分野が二一回、赤十字会談、アジア大会への参加などの社会分野が九回含まれる。より詳細な数値は、『国民の政府五年　平和と協力の実践』ソウル：統一部、二〇〇三年参照。

（53）このような結論は、国際政治学の機能主義理論に根拠をおいている。すなわち、国家間の非政治的交流協力が究極的には政治的、軍事的分野の協力にまでつながるというものである。このような見解に関しての詳細な議論は、James E. Dougherty and Robert C. Phaltzgraff, Jr., *Contending Theories of International Relations: A Comprehensive Survey* (New York: Haper and Row Publisher, 1981), pp.419-420.

（54）北朝鮮のNLL（北方限界線）侵犯・挑発と、二〇〇二年六月に発生した西海交戦に前後して、軍事教理上で論議があったが、韓国側の「交戦規則」は、北朝鮮との近接対峙状況において、先制攻撃の脅威が感知されると、警告放送などの手続を省略して、直ちに攻撃段階に突入するように強化された。

（55）ここでいう基本戦略とは、北朝鮮の国家基本目標とこれを達成するための対内、対米及び対南戦略を包括するものである。

（56）北朝鮮の核開発は一九五〇年代中旬まで遡るが、一九八九年または一九九〇年に核兵器開発に着手することを決定したと推定されている。この間、北朝鮮の核開発問題を公然化させるきっかけになった論文では、最も重要な動機として、北朝鮮は核開発を通して対南軍事優位を確保することができ、究極的に北朝鮮政権の存続性を高めることができることが指摘されている。Leonard Spector and Jacqueline Smith, "North Korea: The Next Nuclear Nightmare?" *Arms Control Today*, Vol.21, No.2, March 1991, pp.8-13. 核危機に焦点を合わせた最近の見解としては、Glenn Kessler, "U.S. Believes North Korea Rapidly Seeking Stockpile," *Washington Post*, February 1, 2003 を参照。

（57）このような主張に関しての詳細な説明は、洪官熹『北朝鮮の大量殺傷兵器開発と韓国の対応』ソウル：統一研究院、二〇〇二年を参照。

（58）この節は主に、徐載鎮「平和繁栄政策に影響を及ぼす要因分析」『統一政策研究』第一二巻一号（二〇〇三年）、五〇—五二頁。

(59) 一般的に平和協定が国家間関係正常化を目的に、制度的・人的・物的責任と戦争賠償金などの多様な分野を包括するものだとすれば、不可侵条約は平和協定の一つの分野である軍事分野だけに限られる。韓奎宣「不可侵条約、平和協定、そして平和体制」『統一韓国』ソウル：平和問題研究所、二〇〇〇年二月一二日。

(60) 一般的に北朝鮮がこのような戦略を放棄したと認められるためには、次の四つの措置が取られなくてはならないと認識されている。(1) 金正日の答訪、(2) 軍縮論議の実質的な進展と休戦線に配置されている兵力の後方への移動、(3) 南北離散家族再会計画の持続的な実行、(4) 北朝鮮の経済危機を解決するための自救策——すなわち、経済改革と対外開放。このなかで最後の措置は、北朝鮮の体制維持に大きな負担となりうるため、漸進的であってもよいと思われるが、北朝鮮問題専門家は、共通して、少なくとも(4)以外の三つの措置において、北朝鮮の変化が必要であると認識している。

(61) *New York Times*, November 1, 2002.

(62) 鄭玉任「米ブッシュ政権の対北朝鮮核政策——展望と対応」『国際問題研究』第三巻第一号（二〇〇三年）、八〇—九〇頁。

(63) 実際に、この問題は二〇〇二年一二月の韓国大統領選挙の重要な争点として浮上した。

(64) 上述した四回にわたる南北長官級会談では、例外なく、北朝鮮の核問題に関する韓国側の立場表明があったが、北朝鮮側の反応は一様に、核問題は米朝間の懸案であるから、韓国とは議論する気が無いことを明らかにし、平和的解決が望ましいという原論的な意志表明に終わっている。「6・15首脳会談の三周年——核の爆風が平和共存に脅威」『東亜日報』二〇〇三年六月一五日。また二〇〇三年四月三〇日、七月一三日および一〇月一七日も参照。

(65) この点に関する詳細な議論は、金永允「南北韓経済交流協力の成果と発展展望」『北朝鮮核問題と南北関係の進路』ソウル：統一研究院、二〇〇二年一二月、九〇—九八頁参照。

(66) 一例として、日本防衛庁研究所が朝鮮半島と中国及び極東アジアの軍事情勢を分析した『東アジア戦略概観2003年』においては、この点が強調されている。日本防衛庁防衛研究所『東アジア戦略概観』防衛庁防衛研究所、二〇〇三年。
(67) 同上。
(68) 核兵器を保有するかどうかを曖昧にして、核の梃子の強化及び国際制裁の回避という二つの効果をともに狙う戦略を意味する。
(69) Anthony H. Cordersman, *Proliferation in the "Axis of Evil": North Korea, Iran and Iraq* (Washington, D.C.: Center for Strategic and International Studies, January 2002).
(70) これと類似の見解は、曺民「盧武鉉政府の平和繁栄政策：展望及び課題」『統一政策研究』第一二巻第一号(二〇〇三年)、二五―二七頁。

# 第2章 アメリカ合衆国と北東アジアの国際政治
## 朝鮮半島情勢を中心に

菅英輝
*Kan Hideki*

### はじめに

冷戦終結後のアメリカはソ連という敵が消滅したことから、国民の関心は内向きになり、対外政策の分野では、外交目標を再定義しなければならないという新たな挑戦に遭遇した。明確な敵が存在しない状況のもとで外交目標を定義し、優先順位を明確にすることがいかに困難であるかは、世論調査結果にも明らかであった。アメリカの外交目標のトップを占めるのは、一般世論の場合で、麻薬などの国内流入の阻止（八五%）、仕事場の確保（八三%）、核拡散の阻止（八二%）、不法移民の統制・削減（七二%）であった。核拡散の阻止を除くと、アメリカ人が死活的利益と考える項目のなかで伝統的な外交目標に分類できるものは、見当たらない。アメリカの直面する諸問題を外交・内政も含めて問うた場合、一般世論レベルでは、国内の経済・社会問題が全体中の七七%を占め、指導者層の間でも、六八%を記録した。この調査を実施したシカゴ外交問題評議会の結論は、外交問題ではいかなる争点もアゼンダとして他の争点を圧倒するまでにはいたっていない、というものであった。[1]

アメリカ外交に漂流感がただようなかで、冷戦後の明確な外交目標を模索する検討が行われた。[2] そうした模索のなかでも注目されるのは、ペンタゴンなど軍部を中心におこなわれてきた「敵の発見」の動きである。マイケル・クレアは、ペンタゴンが、冷戦後の「脅威の空白」を埋めるために、一九九〇年頃から新たな敵の発見を模索し、冷戦期と同じ規模の軍備の温存を正当化する戦略の青写真を作成し始めたことを明らかにしている。その検討の過程で、ソ連の脅威に匹敵する敵を見出すことはできず、冷戦期のレベルの軍事力を維持するためには、二つの敵が必要だとされた。その結果、二正面対応戦略が採用されるに至った。[3] そのときの潜在的敵国として、イラクと朝鮮民主主義人民共和国（北朝鮮）が想定されていたことは、よく知られている。

そうした文脈のなかで、イラクや北朝鮮は「ならず者国家」あるいは、「テロ国家」に指定された。これらの国を「ならず者国家」や「テロ国家」だと指定することによって、アメリカ国民に向かっては、アメリカの安全に対する脅威の存在を明確にし、世界に向かっては、アメリカが「ならず者」を取り締まる警察官として振舞うことを可能にするような言説と国際環境を造りあげようとしてきた。あるいは、相手国に「テロ国家」としてのラベルを貼ることによって、「テロリスト」は非人道的であり、文明社会の敵であるというイメージを創出し、このような危険な敵を相手にするときには、国際法の適用は無用であり、アメリカとしてもあらゆる手段を駆使して戦うことが許されるのだという論理を展開することを可能にする。「ならず者国家」、「テロ国家」の指定から9・11テロ後のブッシュ大統領による「悪の枢軸」（イラク、イラン、北朝鮮）演説に至る過程は、冷戦後のアメリカ外交における目標の優先順位を明確にし、国内世論の支持を調達する努力の一環として理解することができる。[4]

一九九一年一月の湾岸戦争はアメリカの軍事力の破壊力を世界に向かって強く印象付けた。そうした状況のもとで、ペンタゴンは近い将来、現実に第二のイラクが出現するとは考えていなかった。パウエル統合参謀本部議長（当時）は「第二のイラクが出現したとしたら驚きだ」との認識を示した。「どう考えても邪悪な国家がいなくなりつつある」という状況下で、「カストロや金日成を追いかけている」、と付け加えた。[5] 問題は深刻な敵が見当たらない点であった。パウエルはさらに次のように述べ、二正面戦略を正当化しようとした。「われわれが過去四年間用いてきた文脈、すなわち〔軍事計画の立案にあたっては〕具体的な脅威を基礎に行うというやり方から離れて考える必要がある。われわれはもはや、立案のための脅威が存在するという贅沢を与えられていない。われわれの立案の論拠をなすのは、われわれが超大国であるということである。われわれは世界中に責任と利害を有する世界唯一の主要プレイヤーである」。[6] 世界唯一の超大国としての責任と利害を有するがゆえに、最低必要な防衛費と戦力を保持すべきであるというのが、ペンタゴンの軍事戦略の基礎となっていた。

したがって、一九九三年に表面化した北朝鮮の「核開発疑惑」問題に端を発した朝鮮半島の危機は、「ならず者国家」が危険な存在であることを際立たせるのに効果的であった。九四年の朝鮮半島危機は、「敵」の発見の模索の過程における「つくられた危機」の側面を持っている。危機の性格からいって、そのようにしてつくられた脅威はアメリカの安全保障に対する直接的脅威であるというよりはむしろ、韓国や日本に与える影響の方がはるかに大きく、その意味で、こうした手法は韓国や日本のアメリカ離れを阻止する機能を持っていることに留意する必要がある。また、日米両政府や防衛庁がテポドンの脅威を殊更誇張することに示されているように、ミサイル防衛システムを日本や台湾に導入しようとする日米双方の思惑が働いていることも見逃せない。

## I　北朝鮮の「核兵器開発疑惑」問題発生の背景

一九九三年三月一二日、北朝鮮は突然、核不拡散条約（NPT）からの脱退を宣言した。問題の発端は、一九九三年三月国際原子力機関（IAEA）が北朝鮮に対して、同国が査察対象として申告していなかった二施設の「特別査察」（special inspection）を要求したことにある。一九九一年九月になって、IAEAは、これまでの解釈を変更し、未申告の核施設に対しても現行の核保障措置協定の「特別査察規定」を適用して査察が行えるとの新解釈を打ち出した。

この間の経緯はこうである。北朝鮮は一九九二年二月、アメリカとの関係改善を期待して、IAEAとの保障措置協定に署名し、同年五月に各施設に関する最初の報告書をIAEAに提出した。これを受けて、IAEAはその後六回にわたり申告施設に対する「特定査察」（ad hoc inspection）を実施し、その結果を分析したところ、申告結果と分析結果とのあいだに「重大な相違」が発見されたとして、九三年二月、未申告サイトへの「特別査察」を要求することになった。特別査察はこれまで実施されたことはなく、北朝鮮はこうしたIAEAの態度変更に強く反発した。北朝鮮はこの要求を拒否し、NPTからの脱退を宣言した。(7)

ＩＡＥＡがなぜこの時期にそれまでの解釈を変更して未申告の施設に対する「特別査察」を要求することになったのかについては、イラクの核兵器開発への取り組みを通常査察で見逃した不名誉を挽回するためだといわれる。[8] しかし、偵察衛星を通して状況を把握していたアメリカ政府からＩＡＥＡにどのような情報がもたらされたのか、アメリカはＩＡＥＡにどのような働きかけをおこなったのかなど、この間の経緯の詳細については不透明な部分が残っている。しかし、北朝鮮のＮＰＴ脱退宣言は、朝鮮半島に利害を有する関係国に大きな衝撃を与えた。アメリカ政府にとって、それは、冷戦後の優先課題の一つである核不拡散体制に深刻な影響を及ぼす可能性があるとみなされた。アメリカが最も恐れるシナリオは、北朝鮮が核兵器を保有すれば、それは韓国の核兵器開発を促し、さらに朝鮮半島の核化は、日本の核武装への動きを刺激することになる、という点であった。もし、日本の核武装という事態にでもなれば、それは、北東アジアのみならずアジア諸国全体を軍拡競争に巻き込み、アジア太平洋の不安定化を招く、と懸念された。[9]

以上の点に加えて、冷戦後の日本国内政治の動向とそれが日米関係にとって持つ意味について、ワシントンがどのような懸念を抱いていたかについても留意する必要がある。日本では九三年に細川護熙を首相とする非自民連立政権が誕生し、発足して二か月後の一〇月、細川首相は「防衛計画の大綱」の見直しのための私的懇談会を設置する意向を明らかにし、九四年二月に発足した防衛問題懇談会は九四年八月、報告書を細川内閣を引き継いだ村山富市首相に提出した。同報告は「多角的安全保障協力」の必要性を強調していただけでなく、日米安保との関係が明確にされていなかったこともあり、ワシントンの政府関係者のあいだでは、日本が日米安保から離脱し始めたのではないか、との危機感を持って迎えられた。九四年一一月の安保「再定義」のプロセスはそうした一連の流れのなかで公然化した。その後の再定義の過程を通して、日米安保はアメリカの東アジア戦略の中にしっかりと位置付けられることになった。安保再定義は、漂流を始めた日米安保に冷戦後の新たな目標を与え、日本のアメリカ離れを阻止するプロセスであったことは明らかである。しかも、そうした過程において、朝鮮半島をめぐる危機の発生が、日本の国会での「周辺事態関連法案」の審議に影響を及ぼし、反対派を封じ込めるのに効果を発揮したことは明らかである。[10]

それでは、なぜ北朝鮮は核兵器開発に固執し、核不拡散条約脱退声明というドラスティックな行動に出たのだろうか。最も重要な動機は、北朝鮮の「生き残り」、すなわち体制崩壊の回避であった、と考えられる。北朝鮮は、ベルリンの壁崩壊以後、国際的に孤立した状況に置かれた。一九九〇年九月の韓ソ国交樹立、九二年八月の中韓国交樹立によって、米国のクロス承認政策のうち韓国がそれを実現し、北朝鮮は、アメリカと日本が承認していないという状況が出現した。こうした国際的な孤立の中、長年経済不振にあえぐ北朝鮮は体制が崩壊するのではないか、と懸念された。北朝鮮経済は一九九〇年以来マイナス成長に陥り、十数年来経済的不振に苦しんできた。その結果、南北格差は拡大するばかりであった。拡大する南北格差はまた、通常兵力レベルでも北朝鮮に劣勢を強いることになった。

体制の「生き残り」についての不安は、金日成主席を「生き残り」政策に駆り立てた。第一の課題は、北朝鮮経済の再建である。そのために北朝鮮は、日本との国交正常化交渉への関心を高めることになった。北朝鮮経済再建の鍵は外部からの資本と技術の導入であり、日本はこれを提供できる能力を持っていたからである。一九九〇年九月、金丸信・田辺誠代表団が訪朝したが、このとき、北朝鮮は日朝国交正常化交渉の開始を提案した。その狙いは、日本から導入される資本と技術（「償い」資金）によって北朝鮮の産業基盤を再整備することにあった、と考えられる。一方、北朝鮮は南北経済協力によって、輸出産業（軽工業）の進行と国民生活の向上を実現し、まず韓国と長期的に共存できる経済体制を構築しようとした。そのため、部分的ではあるが、北朝鮮経済の対外開放も決断した。このような構図は現在に至るまで基本的には変わっていない。

しかし、周知のごとく、第一次日朝国交正常化交渉と南北経済協力はさまざまな障害にぶつかり、うまくいかなかった。なかでも、一九九〇年に開始された第一次日朝国交正常化交渉は、二つの難問に直面した。一つは、韓国政府が、南北間対話への悪影響を懸念し、南北間対話の進展より先に日朝正常化交渉が進むことに反対したことである。二つ目は、アメリカ政府の横槍である。アメリカ政府は、日朝国交正常化交渉のさなかに、突然、「核兵器開発疑惑」問題を発表して、日朝国交正常化交渉を牽制した。日本政府としては、「核兵器開発疑惑」問題が浮上したことで、この問題を無視して、交渉をすすめることはできなくなった。その後さらに、一九九二年一一月に入って、日本国内の正常化交渉反対勢力の間から、「李恩恵」問題（拉致問題）が持ち出されたために、北朝鮮側はこのことにさらに反発し、正常化交渉は行き詰まってしまった。

南北間の経済格差は拡大する一方であり、それは南北間の軍事バランスにも大きな格差をもたらした。そうした歴史的文脈の中で、北朝鮮は体制の「生き残り」のため核兵器の開発に重点を置くようになった。核兵器開発の第一の狙いは、「生き残り」のためであるといってよい(11)。また、北朝鮮は、過去において、アメリカの核兵器の脅威にさらされてきたし、実際にそのような「脅し」をかけられてきた。したがって、北朝鮮は冷戦後の現在でも、核も含めたアメリカの軍事的脅威を強く感じている。九三年三月一二日のNPT脱退宣言のなかでも、脱退は「わが共和国に対するアメリカの核戦争策動とIAEA事務局内の一部階層の不当な行為に対する当然の自衛措置である」、と述べている。そしてさらに、「アメリカがわが方に対する核の脅威を中止し、IAEA事務局が独立性と公正性の原則に立ち返るときまで」この原則的立場を変えないだろう、と核の脅威に言及している。

体制の「生き残り」という動機にくわえて、北朝鮮の核兵器開発に向けた動きは外交カードとしての意味を持っていた。その狙いは、アメリカを二国間交渉の場に引き出すことであった[12]。では、なぜ北朝鮮は対米直接交渉を熱心に主張したのか。北朝鮮は七〇年代からアメリカとの直接協議による関係改善を呼び掛けていたが、これには、アメリカが応じようとはしなかった。この時期のアメリカ政府の朝鮮政策の核心は、南北の統一というよりも分断の固定化であり、それは、具体的には、キッシンジャー国務長官が一九七五年九月の国連総会で提唱した関係会議とクロス承認の構想であった。このため、北朝鮮がいくらアメリカとの直接協議を呼び掛けても、北朝鮮にはアメリカをそれに応じさせるに足るカードを持っていなかった。アメリカにとって、北朝鮮はその世界戦略からみればマイナーな存在でしかなかった。しかし、「核兵器開発疑惑」問題の浮上は、北朝鮮に初めて、アメリカに対する有力な外交カードを与えることになった。核カードを北朝鮮が握ったことにより、アメリカにとって、北朝鮮はマイナーな存在ではなくなったのである。すなわち、北朝鮮の核カードは、アメリカの核不拡散体制の堅持という冷戦後の優先的な外交課題にとって無視できない意味をもつようになった。このため、アメリカとしては、北朝鮮を相手に交渉をせざるをえないという状況が初めて生まれたのである。

一方、北朝鮮は、第一次日朝国交正常化交渉と南北間対話交渉をめぐる経験から、米朝関係が改善されるまでは、日本も韓国も北朝鮮の経済再建に協力しないだろう、と考えるようになった。というのは、七〇年代に北朝鮮はアメリカとの直接交渉を呼び掛けたが、アメリカがこれに応じる気配はなく、その結果、北朝鮮は対日カードを切るという政策転換を行なった。対日カードとは、日朝国交正常化交渉を軌道に乗せ、日本から資金と技術を引き出し、北朝鮮の経済の再建を目指し、その強化された経済力を基礎として、韓国との南北対話や、アメリカとの直接交渉の可能性を引き出そうと考えたことを指す。一九九〇年に北朝鮮が日朝国交正常化交渉を提案してきた背景には、対米交渉、南北間交渉において、日本カードを重視したことが指摘できる。

日朝国交正常化交渉の経験から、北朝鮮はまず、米朝関係を改善しなければ、状況は改善されないと考えるようになった。北朝鮮の目には、日本や韓国には「自主性」がなく、アメリカに従属している、と映った。このため、逆に、米朝関係が改善されれば、日本は国交正常化交渉に本気にならざるをえないし、韓国との南北対話をめぐる交渉にも有利に働く、と判断した。したがって、北朝鮮は核不核散条約脱退をテコに核カードを使って、アメリカを二国間外交交渉の場に引っ張り出し、対米交渉で大きな外交的成果（米朝国交樹立ないしは大幅な関係改善）を上げることを目指した。北朝鮮の対外行動は今日、このような情勢認識にもとづいて展開されていると見ることができる。

## Ⅱ　一九九四年危機と米朝合意枠組み

米朝高官協議は一九九三年六月二日、ニューヨークで開始された。米朝両国政府代表が本格的な「交渉」を開始するというのは画期的な出来事であった[13]。また、韓国が米朝対話に反対しないという姿勢をとったことも画期的であった。というのは、韓国政府はそれまで、南北対話が米朝協議に先行することには拒否反応を示してきたからである。すでに指摘したように、この韓国の拒否反応が、九〇年に開始された第一次日朝国交正常化交渉での障害にもなっていた。

協議におけるクリントン政権の目標は、「非核化された朝鮮半島」の達成およびグローバルな範囲での核不拡散体制の堅持であった。そうした観点から、同政権は平壌に以下の点を要求した。第一点は、北朝鮮がNPT体制の枠内に留まること。第二点は、北朝鮮が、IAEAとの間に締結された保障措置協定を遵守すること。第三点は、「朝鮮半島の非核化に関する南北共同宣言」の完全履行であった[14]。クリントン政府は、核兵器の存在しない朝鮮半島にとどまらず、さらに核兵器の材料となる核物質の生産が禁じられる朝鮮半島を目指し、その内容は「朝鮮半島の非核化に関する南北共同宣言」より徹底したものであった。これに対して、北朝鮮は米朝協議を通して、対米関係の改善（経済制裁の緩和と国交正常化）と安全や体制維持の保証を求めた。

米朝両国は一九九三年六月一一日合意に達し、米朝共同声明が発表された。この共同声明では、米朝両国は第一に、核兵器を含む武力の不行使や武力による脅威も与えないことを保証すること、第二に、フル・スコープの保障措置の公正な適用、主権の相互尊重と内政不干渉を含み、非核化された朝鮮半島の平和と安全を保証すること、第三に、朝鮮半島の平和的統一の支持、の三点をうたった。以上三つの原則について合意したうえで、北朝鮮は、「NPTからの脱退の効力を必要と認めるかぎり一方的に停止させる」ことを約束し、当面の間、最悪の事態は回避された。これに対して、アメリカ側は、北朝鮮がこれ以上新たな核燃料再処理を行わず、IAEAの保障措置義務を遵守し、NPTから脱退しない限り、米朝高位級協議を継続しうることを明らかにした。そして、北朝鮮がフル・スコープの保障措置を受け入れること、すなわち未申告のサイトに対するIAEAの査察に応ずることを強く求めた。

一九九三年七月一四日から一九日にかけて、米朝高位級協議の第二ラウンドがジュネーヴで開始された。その結果、両国政府は、以下の点で合意に達した。第一に、北朝鮮側は、「保障措置に関する懸案問題とその他の諸問題についてIAEAとの協議を可能な限り早い時期に開始する用意を表明」した。「可能な限り早い時期に」という限定は付されているものの、「特別査察」の対象となっている未申告サイトへの査察受け入れ問題を協議する用意のあることを北朝鮮側が示したことは注目に値する。第二に、北朝鮮は、「核問題を含む二国間問題を話し合うため、出来るだけ速やかに南北協議を開始する用意が依然としてあることを再確認」した。第三に、「現存の黒煙減速型原子炉とそれに関連する核施設を軽水炉に転換する」用意があることを明確にした。[15]

しかし、一九九三年一〇月、北朝鮮はIAEAに対して、通常・特定査察を拒否した。このため、IAEAは一〇月以降監視カメラのフィルムと電池が切れてしまってからは、北朝鮮がプルトニウム製造原子炉やプルトニウム再生処理工場を運転したかどうかを見極める独自の技術手段を失った。そこで、一九九四年三月二一日、IAEA理事会は問題を国連安保理に付託するとの決議を採択した。議論が国連安保理に持ち込まれるなか、アメリカ政府は国連安保理に制裁決議案を提出し、非公式協議で経済制裁が検討されたため、北朝鮮は「国連制裁は宣戦布告とみなす」などと猛反発して、緊張が高まった。

一方、国連安保理に提出されたアメリカの決議案には、中国はあくまで話し合いをするべきだとの立場をとり、日本も制裁には乗り気ではなかった。そうした膠着状態の下で、アメリカ国内では共和党を中心とした保守派がクリントン政権批判を強め、北朝鮮に対する強硬論が台頭し、軍事衝突の恐れが出てきた。

一九九四年危機について、ドン・オーバードーハー『二つのコリア』では、この時期、アメリカ政府は北朝鮮を先制攻撃する瀬戸際までいったと主張している。しかし、これは誇張されている。クリントン政権の米朝交渉主席代表として、合意枠組みについての交渉を行ったロバート・ガルーチは、「米国が先制攻撃する意図はまったくなかった。だが、不測の事態に備えて、我々は準備する必要があった」と述べている。(16)

この危機的状況のなかで、九四年六月一六日、国家安全保障会議（NSC）が開催された。議題は、国連安保理が制裁決議を可決した場合、北朝鮮の軍事行動に備えて何らかの兵力増強を行うべきかどうかであった。ペリー国防長官は、この会議で、次のように発言している。「北はこの行動を、戦争準備と解釈するかもしれない。我々の行動が北の反応を呼び起し、思わぬ展開になるおそれもある。だが、我々は、自衛のためになすべきことを怠ることはできない」。ペリー長官はこう述べて、一定の予備役召集を含む在韓米軍の増兵計画について説明した。折りしも、カーター元大統領から一本の電話が入った。元大統領は、この間、金日成の招待で北朝鮮を訪問し、金日成と会談をしていた。カーター・金日成会談が突破口となって、危機は回避された。[17]

その後、同年七月に金日成国家主席が死去したため、米朝間の核交渉を妥結させ、アメリカとの関係正常化を軌道に乗せるという重大な仕事は、金正日の肩にかかることになった。彼は金日成・カーター会談で提示された方針を「遺訓」として、一〇月二一日にジュネーヴで「合意枠組み」(The Agreed Framework＝合意された枠組み)にこぎつけた。[18]

「合意枠組み」は以下の点で重要である。第一に、この枠組みは、アメリカの北朝鮮関与政策の中に位置づけられるという点である。この枠組みの前提にあるのは①北朝鮮を国際社会に組み込むことは②北東アジア地域に平和と安全をもたらすのに最も有効な方法である、との認識である。したがって、北朝鮮の体制転覆を意図しない。[19]

第二に、「合意枠組み」には欠陥があったことを交渉責任者のガルーチは認めている。たとえば、合意枠組み以前に抽出した可能性のあるプルトニウムに関しては、これを問わないとしたことである。CIA報告が、すでに核兵器を一～二個保有していると見ているのは、このことが根拠となっている。しかし、「合意枠組み」の意義は以下の点にある。寧辺(ヨンビョン)の再処理工場で使用済み燃料棒八〇〇〇本を再処理しておれば、核爆弾五～六個分のプルトニウムを抽出し、その後毎年このペースで核兵器が製造される危険性があった。「合意枠組み」はこの可能性を阻止するのに役だった。第三に、その結果として、アジアにおける核拡散を阻止することにもつながっている。第四に、ガルーチが記者会見で述べているように、「合意枠組み」に関する「北朝鮮の履行の担保は信頼に基礎を置くものではない」という点である。「何に基礎を置くかといえば、それは北朝鮮がもし違反をすれば利益を失う危険があることを彼らが実感するところにある」。この指摘は重要である。アメリカの保守派はしばしば、北朝鮮は信頼できない、というが、そのような批判は当たっていない。「合意枠組み」は北朝鮮を信頼して作られたものではなく、履行しなければ失うかもしれない利益を基礎として作られている。「失うかもしれない利益」とは、代替エネルギーとしての重油の提供の停止、軽水炉の供給のキャンセル、米朝関係改善の停止、などである。北朝鮮は、これらの「失うかもしれない利益」を考慮して、自分たちの利益のためにこの枠組みを守るだろう、とみなされているのである。北朝鮮のその後の対応は、北朝鮮側が不履行によって失うことになる利益を考慮しながら行動してきたことを示している。その意味で、制裁だけで相手から譲歩を引き出すやり方ではなく、制裁と報奨を組み合わせるやり方は一定の効果をあげたとみることができる。

## Ⅲ 「合意枠組み」見直しの動きとテポドン発射問題

一九九五年三月、遅ればせながら朝鮮半島エネルギー開発機構（ＫＥＤＯ）が発足した。同理事会は原加盟国である日、米、韓それにＥＵの各代表によって構成されている。軽水炉プロジェクトに関する供給取り決め交渉は、一九九五年九月からニューヨークで開始され、同年一二月一五日、正式に署名され即日発効した。九七年八月からは、軽水炉原発の建設が開始された。軽水炉プロジェクトの負担は、韓国七〇％、日本二〇％、残りは未定である。

政治的には、米中朝韓四者協議が一九九七年一二月から九八年一月まで四回にわたって開催され、二つの分科会の設置という手続き上の合意に達している。四者協議の足取りは遅いが、会談ごとに少しずつ前進してきている、と言ってよい状況であった。

ところが、この間、アメリカ国内では、こうした関係改善に向けた流れに逆行するような力学が強まった。その理由の第一は、一九九五年一一月の米中間選挙で共和党が勝利し、共和党多数派議会が出現したことである。その結果、アメリカ国内政治における北朝鮮政策をめぐる対立が目立つようになった。共和党内保守派はクリントン政権の「合意枠組み」に対する非難・攻撃を強めた。彼らは、クリントン政権は「合意枠組み」で北朝鮮に譲歩しすぎたと主張し、より厳しい対応と「合意枠組み」の見直しを要求し始めた。彼らは、クリントン政権が北朝鮮に約束した毎月四万四〇〇〇トンの重油の供給に予算面から制限を加えるようになったため、九七年からは重油の供給の遅延が常態化するようになった。軽水炉の建設も、目標とされた二〇〇三年の完工よりも三年も遅れているという有様であった。

また、北朝鮮に不満を抱かせたのは、北朝鮮の最大の狙いであったアメリカとの関係正常化と経済制裁の解除が一向に進展しなかったことである。「合意枠組み」には、「合意後、三か月以内の経済制裁の緩和」という文言が盛り込まれていた。この文言にしたがって、クリントン政権は、一九九五年一月二〇日、行政命令で制裁の一部緩和を発表した。しかし、それは北朝鮮との通信、アメリカ市民の北朝鮮でのクレジットカード使用、アメリカのマスメディアの北朝鮮支局設置、アメリカ企業による北朝鮮産マンガン輸入の許可など、周辺的なものにとどまっていた。

そうした状況下、アメリカ政府は、ミサイル開発問題という新たな要求を持ち出してきた。それだけではなく、アメリカ議会は、制裁緩和のためには「テロリスト国家」としての指定解除を必要とするとの理由から、北朝鮮のミサイル輸出を新たな争点として取り上げ、ミサイルの開発中止やその輸出の禁止までも北朝鮮に要求するようクリントン大統領に圧力をかけた。このため、一九九六年四月から米朝ミサイル協議が開催されるようになった。

反面、アメリカ側の約束の履行は遅々としていた。このため、「合意枠組み」が成立して数か月経過した頃、北朝鮮側は「騙された」と感じ始めていた。セリグ・ハリソンは一九九五年に平壌を訪問したが、その際にも、金淳南最高人会議議長は「経済制裁の緩和はどうなっているんだ」と不満を述べた、という。こうしたことから、二〇〇〇年に駐韓米大使を務めたステファン・ボスワースは、「合意枠組み」の履行にあたっては、「われわれが必ずしも誠実ではなかったと北朝鮮が考える理由はいくつかある」、と述べている。[20]

北朝鮮は、約束されたはずの経済制裁緩和は進まず、最も重視する米朝関係正常化の先行きも不透明な中、「合意枠組み」のときにはなかった新たな要求を次々と突きつけられるということになり、アメリカが北朝鮮の体制崩壊を狙った時間稼ぎをしているとの疑念を深めていった。

一九九七年二月頃から、北朝鮮は、「合意枠組み」の不履行に対する不満をアメリカに伝え始めた。九八年に入ると、対米非難をエスカレートさせるとともに、四月末には原子炉の封印解除、燃料棒封印作業の中止などの行動に出た。八月一三日には、アメリカの経済制裁緩和措置がない場合、核プログラムの凍結解除という「望ましくない選択」を迫られるという声明を発表。その期限として、八月二一日に予定された米朝会談の結果を注視する、と述べた。

韓国・外交安保研究院教授尹徳敏は、「北朝鮮はブッシュ政権の発足前からすでに核爆弾製造のためウラン濃縮を進める状況にあった」と述べ、九八年ごろ、ウラン濃縮のために遠心分離器と製造技術をパキスタンから購入したと指摘している。[21] この点は近年、いくつかの研究や証言が明らかにしているところである。しかし、尹はその理由に関して、何も語っていない。全米社会科学評議会（SSRC）に設置された北東アジア協調的安全保障プロジェクト主査を務めるレオン・シーガルは同様に、ウラン濃縮装置を獲得する決定は九八年四月から八月頃行われた可能性が高いと見ているが、その理由としては、アメリカ側の「合意枠組み」の実行の遅れと無関係ではない点を示唆している。[22]

一方、北朝鮮は六月一六日にミサイルの輸出と開発の停止に関する交渉を行う用意があることを公にした。同時に、平壌はアメリカが敵対的態度を改めなければ、ミサイル実験を継続するとも警告していた。これと前後して、八月一七日、『ニューヨーク・タイムズ』紙は、「アメリカ政府情報筋」の話として、北朝鮮が地下施設（金昌里）を利用して核開発を再開した可能性が強いと報じた。「アメリカ政府情報筋」とは米中央情報局（CIA）だと考えられるが、ここには、アメリカ国内に共和党保守派やペンタゴン、それにCIAを中心に米朝関係改善をかならずしも望まない強硬派がクリントン政権の足を引っ張っているという構図の存在を認めることができる。このリーク記事は米朝協議をおこなっても期待する成果は得られないとの判断を北朝鮮側にさせることになり、二一日からの米朝会談も物別れに終わった。八月三一日の「テポドン」発射はこうした米側の対応に対する北朝鮮の回答であるとみられている。[23] つまり、「瀬戸際戦略」に訴えて、事態の打開を図る、譲歩を引き出す、という手法に訴えたとみることができる。その意味で、「(米国は) 危機になったときにのみ問題に取り組むという印象を与えてしまったことが、このような危機的状況が繰り返される原因の一つである」、という指摘は正鵠を射ていると言えよう。(24)

クリントン政権と北朝鮮政府は、この危機を乗り切るために、九月に米朝高官協議を開催することに同意した。このことは、北朝鮮としても、「米朝合意枠組み」の存続に利益を見出していることを物語っている。その結果、国務省は九八年九月一〇日、以下の合意内容を発表した。①朝鮮半島の平和について中、韓、米、朝の四者会談や米朝ミサイル協議の再開、②北朝鮮のヨンビョンにある核施設の使用済み燃料の密封作業の再開、③その代わりに、アメリカは重油供給を再開し、軽水炉の本格工事を一一月に開始する。

この合意内容の中で注目されるのは、米朝協議という二国間アプローチにくわえて、北朝鮮が朝鮮半島の平和について中、韓、米、朝の四者協議の開催に同意したことである。現在の休戦協定に終止符を打ち、新たに平和条約を締結するためには、四者協議の稼動は不可欠であるし、なによりも、南北対話よりも米朝協議を優先させる傾向のあった北朝鮮が、韓国も含めた四者協議の開催に原則的に同意したことは、これにロシアと日本を加えたその後の六者協議の実現につながる流れとして注目に値する。

ところが、この合意にたいしては議会内の反発が強く、一〇月一五日に米議会とクリントン政権の間で合意した九九年度会計予算案の中で、北朝鮮向けの重油供給費用三五〇〇万ドルについて、九九年三月一日まで拠出を凍結、大統領が特使を新たに任命して北朝鮮政策を見直したうえで、「地下施設」の核疑惑の解明や弾道ミサイル規制などでの進展を条件に、段階的に拠出を認めると定めた。このように厳しい条件を付されたクリントン政権は、「合意枠組み」の見直しに着手すべく、新たに北朝鮮政策調整官にウィリアム・ペリー元国防長官を任命し、その見直しを開始することになった（「ペリー・プロセス」）。

一方、「地下施設」の核疑惑という新たに持ち出された問題については、「三月危機」説が流布され、アメリカによる地下施設の爆撃の憶測まで飛び交うという状況であった。「三月危機」説については、アメリカ政府筋はこれを否定し、冷静な対応を行ったのに対して、日本では、ガイドライン関連法案の国会審議や戦域防衛ミサイル（ＴＭＤ）に関する日米共同研究の着手に有利な国内世論を作り出すことを意図して「三月危機」説が誇張された。

しかしながら、米朝間で粘り強く協議が続けられた結果、双方は一九九九年三月一六日合意に達し、米朝共声明が発表された[25]。この共同声明において、両国は以下の点で合意した。①米代表団による金昌里の地下施設への訪問を認め、一回目を五月に行う。複数回の追加訪問を認める。②アメリカは両国間の政治的、経済的関係の改善のための措置をとる。③米国は地下施設立ち入りへの代償には応じないとの立場から、共同声明には盛り込まれなかったが、北朝鮮への食糧援助（六〇万トン）を三段階に分けて実施することになった。その後、五月の米代表団の訪問によって、金昌里の地下施設は核開発が可能な状況にはないとの報告がなされ、この問題は決着をみることになった。このことは、米朝交渉の障害になっているのは、北朝鮮側の行動だけでなく、ペンタゴン、米中央情報局、共和党保守派などアメリカ国内の反対勢力の圧力でもあることを示している。

一方、政策調整官に就任したペリー元国防長官の下で対北朝鮮政策の見直し作業が行われていたが、緊急に取り組むべき課題は核兵器開発の阻止と長距離ミサイルの開発の中止である、とペリーは考えていた。そうした観点からペリーは一九九九年五月に北朝鮮を訪問し、これらの問題で真剣に協議する用意のあることを伝えたが、「ペリー・プロセス」といわれる包括協議は、九月に入って、北朝鮮がミサイル発射テストを凍結することに同意するという形の成果を生んだ。

この頃の北朝鮮は南北間の協議にも積極的な姿勢を見せており、水面下では南北首脳会談の下準備が進められていた。しかも、クリントン大統領は背後で会談の実現のための後押しを行った。ペリーの提案にもとづき米朝高位級会談をワシントンで開催することを想定して、米政府側からは二〇〇〇年一月に、両国間の敵対関係に終止符を打つことを謳ったコミュニケ草案が北朝鮮に手交されていたからだ。そういう背景も手伝って、二〇〇〇年六月に南北首脳会談が平壌で実現した。

北朝鮮はさらに一〇月六日には、アメリカの制裁の撤廃を期待して、テロ非難の共同声明の発表に同意した。この声明では、米朝双方は国際的テロと戦うための法的レジームを支持し、情報交換など効果的な措置をとることに協力することを謳った。続いて、金正日総書記は一〇月九日、北朝鮮の軍のナンバー・ツーのポストにある趙明禄をワシントンに派遣した。一二日に発表された共同声明は「いずれの政府も相手国政府に対して敵意を有しない」と述べ、敵対関係にはないことを表明したのである。それだけでなく、同声明はまた、「合意枠組み」を相互に実行するにあたっては、「より一層の透明性が望ましいという点に合意した」、と述べている。この透明性の確保という点はミサイル協議における検証システムにかかわる重要な合意であった。

この共同声明の二週間後にオールブライト国務長官の平壌訪問が実現し、金正日総書記と会談した。

金―オールブライト会談で、金総書記は既存の契約中のものも含めて全てのミサイル技術の輸出停止、および射程距離五〇〇キロメートルを超える全てのミサイルの実験、生産、配備の凍結を提案した。北朝鮮はまた、ミサイル輸出の停止にともなう損失については、現金でなく現物(たとえば食料)で補填することも可能である、と述べた。その代わりに、金総書記はクリントン大統領の訪問を促した[26]。

しかし、一一月の大統領選挙で共和党大統領候補のブッシュが勝利したことから、クリントンの訪朝は実現しなかった。この点に関して、クリントン政権関係者は、ミサイル協議は合意寸前であったと主張する。クリントンはホワイトハウスを去った後、二〇〇二年六月一七日の米外交問題評議会講演のなかで、「二〇〇〇年にはわれわれは北朝鮮のミサイル計画を断念させる一歩手前までいっていた。もし私が北朝鮮を訪問できたとしたら、それが実現したと信じる」、と発言した。しかし、ブッシュ政権の国家安全保障会議の大統領特別補佐官(アジア担当)パターソン(Torkel L. Patterson)はこのときのミサイル協議は検証に関する部分が明確でなく合意といえるようなものではなかった、と反論している。したがって、真相はいまだ解明されていない[27]。しかしながら、二〇〇〇年一〇月の米朝共同声明の中で、査察に関しては、「より一層の透明性」が望ましいという点に関して双方が合意している点に留意する必要がある。しかも、この「より一層の透明性」に関して先の共同声明はさらに、金昌里の核施設疑惑問題で米代表団の現場査察を北朝鮮が受け入れ「アメリカの懸念を払拭したアクセスの価値に双方は留意した」と述べていた。この文言は、アメリカが「合意枠組み」を履行し軽水炉の引渡しの段階にこぎつけた場合、ミサイルや核の検証に関してもアメリカの要求に応えることを示唆するものであった。北朝鮮側がミサイル協議でこうした譲歩と示唆をおこなうなかで、クリントン大統領の訪朝が実現したとしたら、さらなる前進がありえたと期待できない理由はないであろう。

　以上の検討結果から、以下のようなことが言える。北朝鮮は当初、一九九四年一〇月の「合意枠組み」そのものの維持には前向きな対応を見せてきた。その後に米朝関係が不信の悪循環に陥った原因は、北朝鮮側だけでなく、アメリカ側にもあると言うべきだろう。すなわち、北朝鮮の最大の眼目である米朝関係正常化交渉が全くといってよいほど進展しない状況下で、クリントン政権が北のミサイル開発問題、地下核施設疑惑問題を持ち出し、「合意枠組み」の実施を遅らせるだけでなく、その見直しまでも要求した。そして、米朝協議におけるクリントン政権の足枷となったのは、アメリカ国内政治における共和党保守派やペンタゴン、情報関係機関など抵抗勢力の存在である。このことはまた、一九九九年三月一六日の共同声明で、両国政府が一九九四年の「合意枠組み」を再確認したことにも示されている。この再確認は、この時点では、北朝鮮が「合意枠組み」を壊すことを考えていなかったことを示している。まがりなりにも「合意枠組み」を維持する政治的意志が双方に存続したのには、既に述べたように、クリントン政権の北朝鮮政策が、北朝鮮の体制崩壊を意図していないことを明らかにしてきたことが重要である。それは、日、中、ロ、韓の立場と同じであるだけでなく、北朝鮮と交渉するさいの前提条件であろう。北朝鮮からみれば、北朝鮮体制の転覆や崩壊を意図するような姿勢は受け入れ可能であるはずはなく、クリントン政権が北朝鮮の体制崩壊を意図しないことを明確にして協議に臨んだことは現実的なアプローチとして評価に値する。にもかかわらず、米国内政治における保守派の「合意枠組み」見直しの圧力は、「合意枠組み」の基礎を揺るがすことになった。後述するように、二〇〇二年一〇月初めのケリー国務次官補の訪朝中、北朝鮮は秘密の核開発計画の存在を認めたが、北朝鮮がそのような措置に踏み切ったのは九八年に入ってからだとみられている。すでに述べたように、これは「合意枠組み」をクリントン政権が誠実に履行していないと北朝鮮が感じ始めた時期と重なる。

## Ⅳ　ブッシュ政権の朝鮮半島政策と9・11テロの影響

ブッシュ政権はこうしたアメリカ国内の保守派、対北朝鮮強硬派を重要な支持基盤として成立した。したがって、ブッシュ政権の対北朝鮮政策は前クリントン政権のそれとは相当異なる基調にもとづいて展開されることになる。具体的には、前政権の対北朝鮮に対するコミットメントを継承しない行動をとった。まず、二〇〇一年三月金大中大統領がワシントンを訪問したさいに、韓国の太陽政策を公に批判し、水面下では、北朝鮮との平和条約の締結や北朝鮮への電力供給をしないように働きかけた。一方、政府高官が金正日総書記を公然と中傷するような発言を繰り返した。政権が交代した途端に前政権の約束に反するような発言や行動に出ることは、信頼醸成には大きなマイナスであり、北朝鮮側の不信を募らせることになった。

ブッシュ政権は「合意枠組み」には欠陥があるとの立場から、より包括的な協議を求めた。これは「合意枠組みの改善された実施」("improved implementation")と呼ばれる。具体的には、米朝協議に新たな議題を追加することによって、交渉の敷居を高めた。まず、アメリカ側からは何らの見返りの提供をおこなうことなく、即時の核査察を要求し始めた。これは北朝鮮には「合意枠組み」からの逸脱と映った。「合意枠組み」は、すでに指摘したように、北朝鮮側が枠組み内容を履行していくのに合わせて米側もインセンティブを提供するという仕組みになっており、段階的、相互的な履行をその特徴としていたからだ。ブッシュ政権はまた、通常兵力の削減や人権問題をアゼンダに追加した。「合意枠組み」では明示的には問題とされていなかった議題を付け加えるやり方は、北朝鮮には「合意枠組み」の修正と受け止められ、北朝鮮はブッシュ政権への不信と反発を強めることになった。

なかでも、通常兵力の削減問題は北朝鮮の安全保障と体制維持に深く関わる問題であり、米朝協議の前進をさらに困難にするものであった。すでに指摘したように、北朝鮮はその体制の「生き残り」のための方法として、核開発と外国資本の導入による北朝鮮経済の立て直しを重視した戦略をとってきた。この「生き残り」戦略のもう一つの要は通常兵力による抑止である。ソウル首都圏は軍事境界線から三〇キロしか離れておらず、しかも二〇〇〇万の人口を抱えている。北朝鮮は首都圏北方に多連装ロケット砲を集中配備しており、これに化学弾が装填された場合、数百万のソウル市民が死傷するなど韓国側に深刻な被害を生じさせる。(28) この点は当時国防長官を務めていたペリーの証言によっても裏付けられている。アメリカが軍事攻撃を行った場合、韓国が深刻な人的・物的被害を被ることは、一九九四年危機の際も米政府内で指摘されていた。このとき軍事的オプションが選択されなかったのは、こうした甚大な被害を憂慮した韓国と日本が強く反対したためであった。(29)

以上のことは、軍事的オプションは現実的な選択肢だとはみなされなかったことを意味している。このように、北朝鮮の立場からみれば、軍事境界線に集中した北朝鮮の通常兵力は、韓国や日本の反対を通してアメリカの軍事攻撃を抑止するための重要な手段なのである。したがって、ブッシュ政権が通常兵力の削減問題を米朝協議の議題に新たに追加したことは、北朝鮮の安全が保証されない限り、受け入れ不可能な条件だといってよい。その意味では、ブッシュ政権は米朝協議に新たな難題をみずから持ち込むことによって、協議の前進に大きな障害を作ってしまった。このようなブッシュ政権の姿勢は北朝鮮の側から見ると、この政権が米朝協議に本気で取り組み気があるのかとの疑問を抱かせるものであった。

くわえて、9・11テロはブッシュ政権の安全保障政策における北朝鮮の比重を高めることになった。二〇〇一年九月二〇日の議会宛演説のなかで、ブッシュは「われわれの側につくか、さもなければテロリストの側につくかである。われわれは、テロリストとそのネットワークを除去するだけでなく、テロリストをかくまう者たちを除去する必要がある」、と宣言した。テロリストのみならず「テロ支援国家」もまたアメリカの軍事攻撃の対象となるとする主張は、ブッシュ・ドクトリンの重要な部分を構成する。さらに、二〇〇二年七月一九日、ニューヨーク州フォートドラム陸軍基地で演説し、「ならず者国家」への対処にあたっては、先制攻撃も辞さない姿勢を示した。「テロ支援国家」への先制攻撃はブッシュ・ドクトリンのもう一つの特徴である。先制攻撃を正当化する軍事戦略は二〇〇二年度米国防報告にも明記され、さらに九月に発表された国家安全保障戦略にも盛り込まれた。[30]

とくに注目すべき点は、北朝鮮の核開発問題がアメリカの安全保障と直結する状況が生まれたことである。すでに指摘したように、冷戦後のアメリカはソ連の消滅によって、アメリカ本土が攻撃にさらされる危険は大幅に減ったという受け止め方が世論レベルでも政府レベルでも大勢を占めていた。九三―九四年の朝鮮半島をめぐる「核危機」は、日本や韓国にとっては、意図の問題を別とすれば、脅威とみなされる余地はある。[31] しかし、アメリカにとっては、かならずしも直接的脅威と言えるようなものではなかった。その意味で、当時の「核危機」は「つくられた危機」の性格を持っていたことを改めて想起する必要がある。しかし、9・11テロは、少なくとも認識レベルでは、こうしたそれまでの安全保障の文脈と環境を変えることになった。すなわち、核兵器や核物質がテロリストの手に渡る可能性を考えれば、北朝鮮の核兵器開発問題はアメリカの安全保障にとっての現実的な脅威となりうる。それゆえ、深刻な外貨不足に悩む北朝鮮が外貨獲得の手段として「核」を輸出し、それがテロリスト集団の手に渡るのを阻止することは、アメリカの安全保障政策の重要な関心事となった。

二〇〇〇年一〇月一二日の共同声明で米朝双方が敵対的意図を有していないと述べたことはすでに指摘した通りである。にもかかわらず、ブッシュ大統領は前政権の約束を無視し、二〇〇二年一月の大統領教書演説の中で、北朝鮮をイラン、イラクとともに「悪の枢軸」に指定した。「悪の枢軸」演説はこのような文脈でみたとき、北朝鮮にブッシュ政権への強い不信感を与えた。また、ブッシュ・ドクトリンは、その先制攻撃の論理とテロリズムとを結びつけるものであっただけに、北朝鮮がこれを非常な脅威だと受け止めたことは、想像に難くない。[32]

ブッシュ大統領は就任以来、「いつでも、どこでも」話し合う用意があると繰り返してきたが、同時に核開発を放棄しなければ交渉はしない、とも述べていた。「話し合う」ことと交渉とは別であった。現に、二〇〇二年一〇月三日から五日にかけて、ケリー国務次官補が大統領特使として平壌を訪問する以前のブッシュ政権は、北朝鮮と交渉する気はなかったといってよい。同年四月初旬、韓国の林東源大統領特使が北朝鮮を訪問した折、北朝鮮側は特使に米朝協議再開の意志を伝えたが、北朝鮮への対応をめぐる米政権内の対立（ペンタゴン対国務省）が解消されず、明確な日取りを決めることさえできなかった。したがって、六月二九日に黄海で海上警備艇同士の銃撃戦が発生し、韓国側に死傷者が出たことは、ケリー訪朝を撤回するのに都合のよい機会を提供した、との指摘もある。[33] また、ブッシュ政権内の強硬派（通称ネオ・コン）のあいだには、一九九一年以前に再処理したプルトニウムの量を調べるためのIAEA査察を北朝鮮が拒否しているのは「合意枠組み」違反だとする意見が存在する。しかし、「合意枠組み」交渉の当事者であったガルーチ米代表（当時）は、このような解釈は誤りだ、と明言している。[34] 政権内不統一に加えて、ブッシュ大統領自身の金正日政権に対する強い個人的嫌悪感もあって、ブッシュ政権はしばらくは、北朝鮮との交渉に本気で応じようとしなかった。

ブッシュ政権による朝鮮半島政策の検討作業は六月初めには終了し、ブッシュ大統領が六月六日にその概要を公表したのに続いて、六月一〇日パウエル国務長官はアジア協会での講演の中で、米朝協議の議題として、①核不拡散につながる行動の中止と長距離弾道ミサイルの除去、②人道や飢餓の問題の改善、③通常兵力の削減、④IAEAとの保障措置の完全履行、の四点を挙げた。[35] 要するに、「合意枠組み」は継承するが、これに新たな議題を追加し、新たな枠組みの形成を目指すというものであった。これに対して、北朝鮮側は上記四つの問題を議題として取り上げることに同意する旨の回答を行った。しかし、八月二九日にネオ・コンの一人であるボルトン軍備管理・国際安全保障担当国防次官がソウルの韓米協会で行った演説は、仰々しいレトリックで北朝鮮の脅威を強調するものであった。ボルトン演説は、パウエルが挙げた四点の履行を北朝鮮に求めたが、その演説の調子は交渉を意図したものとは到底考えられない挑発的なものであった。北朝鮮は化学兵器や生物兵器の開発に積極的に取り組んでいるとし、同条約の加盟国でもない北朝鮮に向かって、「生物兵器条約に明白に違反している」と非難しただけでなく、弾道ミサイル関連資材、部品、物資、技術の「世界最大の販売行商人」であると決め付けた。ボルトンはさらに、北朝鮮がＩＡＥＡの査察を認めようとしないとして、ＮＰＴの義務を履行する意図がない、と多くの人たちが考えていると述べ、不信感を露わにしたのである。(36)

こうしたブッシュ政権の強硬姿勢に痺れをきらした北朝鮮は再び、日本との関係改善に活路を見出そうとした。二〇〇二年九月一七日の小泉訪朝は、そうした北朝鮮の意図の表れであった。北朝鮮の当面の狙いは、日本との正常化交渉を開始することによって、アメリカを交渉の場に引っ張り出すことにあったものと考えられる。正常化が実現すれば日本からの巨額の資金が入ってくることも大きな魅力であったが、同時にアメリカを念頭においた行動であったことも間違いないだろう。

日本外交には珍しいことであるが、小泉訪朝に至る過程は日本の国家意思が明確に外交行動に現れた事例である。ブッシュ大統領が「悪の枢軸」演説を行って三週間も経っていない二月一八日に、小泉首相は東京を訪問中のブッシュ大統領に対して、「日本は米韓との協力と調整をはかりながら北朝鮮との国交正常化に取り組みたい」との日本の立場を伝えた。こうした日本の行動は明らかに、「悪の枢軸」演説の意図とは相容れないものであった。にもかかわらず、日本政府はそのような意思を米側に伝え、反対しないよう説得することに成功した。

こうした大胆な日本の行動が可能となった背景として、金大中政権の「太陽政策」の効果もまた無視できない。北朝鮮は日本との正常化交渉の準備をすると同時に、韓国との交流も積極化させ、韓国もこれに応じた。八月二一日から三〇日にかけて南北双方は経済官僚会談を実現し、九月一八日には南北の鉄道の連結、道路の連結で合意した。九月にはまた、新義州特別行政区を発表し、対外的な開放措置をとる一方で、釜山で開催されたアジア大会に選手団を派遣した。

こうした状況のなかで、一〇月三日から五日にかけて、ケリー国務次官補の訪朝が実現した。政権発足後一年一〇か月も経過してようやく米朝高位級会談となったのである。このことは、日韓両国が北朝鮮との関係改善に向けた積極的行動をとるなかで、ブッシュ政権としても何らかの対応をとらざるをえなくなったことを意味している。しかし、ブッシュ政権が交渉に真剣ではなかったことは、会談内容がそれを確認することになった。ケリーは姜錫柱第一外務次官との会談の席上、北朝鮮が秘密裡に開発計画を推進している証拠を示したところ、北朝鮮側は以外にも計画の存在を認めるという行動に出た。姜次官は会談の席で、①北朝鮮を攻撃しない、②平和協定を締結する、③金正日政府を受け入れる、の三点に関してアメリカの保証を求め、その場合にはこの秘密のウラン核開発計画を断念する意志はあると示唆した。これに対して、ケリーはこの進行中の核開発計画を停止することが先決だとの立場をとり、交渉に応じようとはしなかった。

九月一七日の小泉訪朝を通して日朝正常化交渉が動き始めた時期であるだけに、ケリー国務次官補が秘密のウラン核開発計画の証拠を直接北朝鮮側に突きつけてその中止を迫ったのには、朝鮮半島の平和と和解が韓国や日本のイニシアティブで進行することに対するアメリカの懸念があった。ブレーキをかけたのはアメリカであった。日本政府は北朝鮮の秘密核計画の情報は小泉首相の訪朝以前にアメリカ政府より伝えられた、と述べている。[37] 戦争責任問題や補償問題では北朝鮮から満額の回答を得ることができたわけだから、拉致問題の進展如何では、正常化交渉は思いの他早いペースで進展する可能性があった。実際、日本政府は年内の正常化を念頭においていた。したがって、アメリカ政府は核問題を持ち出すことによって、この問題が日本や韓国だけの問題ではなく、アメリカの問題でもあることを両国に改めて認識させることにより、半島における平和と安全保障をめぐる問題でアメリカのイニシアティブを取り戻そうとした。ケリーはソウルでの記者会見の席上、アメリカは日韓と北朝鮮の対話に水をさそうとしているのではないと述べたものの、同時に、「秘密核兵器開発計画はアメリカとその同盟国にとって重要である」と指摘し、さらに「われわれはわが友好国が、この点を北朝鮮側に主張するものと大いに期待している」、と付け加えた。[38] 日本外務省の幹部はアメリカがこの問題を持ち出し、強硬な姿勢をとることによって、日朝交渉が「複雑になったのは確かだ」、と認めている。[39]

## V　アメリカ単独主義から六者協議へ

北朝鮮が秘密の核開発計画の存在を認めたという事実は一〇月一七日になって、アメリカ政府により公表された。この事実の公表以降、日米韓三国の間にこれまで表面化することのなかった北朝鮮に対する対応の違いが顕在化するようになった。ブッシュ政権は「合意枠組み」自体が無効になったことを公式には認めていないが、二〇日付け『ニューヨーク・タイムズ』紙は、ブッシュ政権が「合意枠組み」を破棄することを決めた、と報道した。しかし政府筋はまた、同盟国との結束した行動をとるために、「合意枠組み」破棄の決定を公表する考えはない、とも述べている。[40] この報道はいくつかの点で示唆的である。第一に、ブッシュ政権内には、「合意枠組み」の破棄は北朝鮮の核開発を逆に加速させる危険性を高めるとして慎重な対応を求める見解と、「合意枠組み」を破棄し新たな合意を探るべきだ、とする見解に分かれていた。この新聞報道後、アーミテージ国務副長官は二一日、訪米中の茂木敏充外務副大臣との会談の中で、「合意枠組み」について米側としては「どう対応するか、まだ最終的な結論は出していない」、と語った[41]。このことからすれば、米政府は最終的な決定をしていないことになるが、政権内に深刻な対立があることが確認できる。第二に、かりに「合意枠組み」破棄ということになれば、日韓は反対せざるをえない。両国は朝鮮半島エネルギー開発機構（ＫＥＤＯ）最大の出資国であり、「合意枠組み」にもとづく軽水炉建設事業の凍結をアメリカに求められても、すでに投資した資金が無駄になる可能性があるだけでなく、北朝鮮の瀬戸際政策がエスカレートし、半島の緊張を高めることになるからである。同様に、アメリカが「合意枠組み」にもとづき北朝鮮に供給している年間五〇万トンの重油の提供が停止されることになり、北朝鮮の激しい反発は必至だからである。したがって、日本は国交正常化交渉への悪影響を懸念するがゆえに、そして韓国は太陽政策へのマイナス影響を回避するために、両国はともに「合意枠組み」の維持の必要性を訴えてきた。

メキシコのロスカボスで開催されたアジア太平洋経済協力（ＡＰＥＣ）会議で日米韓首脳が会談し、三国間の共同声明が発表された。この会談でも、「合意枠組み」の破棄は北朝鮮を追い込み、核開発の余地を与えると主張する韓国側と、合意無効を言ってきたのは北朝鮮の方であり、破棄を含めた検討が必要であると主張するアメリカ側とのあいだに応酬があった、と伝えられた。結局、日米韓三国の連携の必要性、ウラン濃縮計画の「迅速かつ検証可能な方法」での撤廃の要求、この問題の平和的解決という点では意見の一致をみたものの、具体的なアプローチでは違いが目立った。日朝、南北の対話は交渉継続が盛り込まれ、日本と韓国の主張が通ったが、反面、アメリカは「北朝鮮が核開発をやめない限り対話はしない」との従来の姿勢を維持した。[42]

日米韓の連携をうたったものの、ブッシュ政権の打ち出す強硬政策はむしろ三国間の連携に緊張と摩擦を持ち込むことになっている。二〇〇二年一二月二九日付け『ニューヨーク・タイムズ』紙は、北朝鮮への外交的、経済的圧力を強めるために、ブッシュ政権が新たな「封じ込め」政策をまとめた、と報道した。この政策は米政府高官によると、「特別仕立ての封じ込め政策」(tailored containment) だとされ、「最大限の経済的、政治的圧力」を加えると同時に、北朝鮮を孤立化させることを意図したものである。こうしたブッシュ政権の強硬姿勢に対しては、日韓は容易には同調できないとの立場である。この新たな「封じ込め」政策は、報道の二週間前にイエメン沖でミサイルを積んだ北朝鮮船籍がスペイン海軍の臨検を受けたようなケースを含むものとされるが、このような臨検が日本海周辺で実施されるような事態になれば、日朝間の緊張が高まることは避けられず、両国間の正常化交渉をさらに遠のかせることになる。韓国では盧武鉉(ノムヒョン)大統領が前政権の太陽政策を継承していることから、「封じ込め」といった強硬手段は米韓の共同歩調を困難にする。

また、核開発計画の存在を北朝鮮側が認めたことに対する対抗措置として、KEDO理事会は〇二年一一月、対北朝鮮への重油供給について一二月からの凍結を決定した。ここでもまた、日米韓の立場の違いが表面化した。韓国は継続を主張し、アメリカは一一月分からの停止を求めたのに対し、日本はすでにタンカーが出向している一一月分は供給、一二月分は状況を見守るとの案を出した。その結果最終的には、一二月分から停止されることになった。

この措置は北朝鮮の行動をさらにエスカレートさせることになった。核施設の稼動・建設再開の表明（一二月一二日）、IAEA査察官の追放と再処理施設の再稼動の表明（一二月二七日）と続き、ついに〇三年一月一〇日、北朝鮮は九三年三月に一度表明したNPT脱退を再び宣言するに至った。[43] 北朝鮮の主張はこうである。「アメリカが必至になって何とかわれわれを圧殺しようとしており、IAEAがアメリカの対朝鮮敵視政策の道具」となった。NPTは加盟国が「自国の最高度の利益が脅かされると判断した場合」には脱退する権利を認めており、「国と民族の自衛権と生存権」を守るために脱退する。宣言ではまた、「アメリカは重油提供まで中断し、朝米基本合意文を踏みにじった」と改めて指摘しているように、ブッシュ政権が体制転覆を意図しているのではないかとの強い危機感を示した。アメリカは一九九三年六月一一日の米朝共同声明で核による威嚇を中止し敵対意思を放棄すると公約した義務を一方的に放棄したとも指摘しており、クリントン政権との落差に強い不信感と脅威を抱いていることが見て取れる。九三年六月の米朝共同声明は「武力行使をしない保証」を明記し、また二〇〇〇年一〇月の共同コミュニケでは、「双方の敵対的意思の放棄」、主権の尊重、内政不干渉を謳っている。

北朝鮮がNPT脱退を再び宣言したことや核開発計画の存在を認めたことは、アメリカを交渉のテーブルに引っ張り出し、体制を温存しようとする北朝鮮の必死の賭けだとみることができる。そのために、脱退声明はNPTからは脱退するものの、核兵器を製造する意思はないこと、アメリカが「敵視圧殺政策」を中止するなら、核兵器を製造しないことを、「別途の検証を通じて証明してみせることもありうる」と述べていた。アメリカとの交渉の再開を求め、譲歩の余地もあることを示唆したものであるが、ブッシュ政権の姿勢に変化はなく、核開発に向けた活動を即時停止しなければ、交渉しないという立場を保持し続けた。

米朝関係は完全な悪循環に陥り、このままアメリカが交渉を拒否し続ければ、事態はアメリカにとってさらに悪くなる可能性があった。上院東アジア太平洋外交小委員会委員長のジョン・ケリー民主党議員は、二〇〇二年一一月、ブッシュ政権が二年近くも北朝鮮との交渉を拒否していることに関して、そうした姿勢は「否定的な結果を保証するものだ」と批判した。[44] こうした意見は「合意枠組み」をまとめたガルーチ、「ペリー・プロセス」をまとめたペリー元国防長官をはじめ多くの専門家のあいだでも指摘されるようになっている。ペリーは北朝鮮が原子炉と再処理施設を再稼動すれば、数か月間でプルトニウムの全面的な生産開始となるだろうから、二〇〇四年始めまでには五個の核爆弾を製造するのに十分なプルトニウムを生産可能である、と警告している。現在のところ、北朝鮮は核兵器を一ないし二個すでに保有しているという米情報局の分析があるが、これにくわえて、さらに五個を保有することになれば、ミサイルを輸出して外貨獲得を目指している北朝鮮が、今度は、核兵器やプルトニウムを売却する可能性が出てくる。北朝鮮が現在置かれている苦しい経済状況を考えると、核兵器やプルトニウムの輸出、とくにテロリスト集団への売却の可能性は単なる夢物語ではなくなる。また、かりに北朝鮮の政治体制が崩壊でもすれば、ソ連崩壊のさいに心配されたような、核兵器やプルトニウムの流出問題に直結する。[45] ペリーが抱いているこうした危惧は起こり得るシナリオである。

ブッシュ政権はこうした懸念を認識していないわけではない。〇三年三月六日の記者会見での質問に答えて、ブッシュ大統領は、「北朝鮮が核兵器を売却する道を選ぶかもしれないと懸念している。大量

▲…ソウルを訪問したパウエル米国務長官と、盧武鉉韓国大統領（2003年2月25日）。
［http://www.state.gov/r/pa/ei/pix/events/secretary/2003/18649.htm］

破壊兵器を使ったり、脅迫したりする者の手に渡る可能性もある」、と発言した[46]。にもかかわらず、ブッシュ大統領が米朝協議という二国間交渉を拒否しているのには、原則論にくわえて、他にも以下のような理由があると指摘される。第一に、ブッシュ政権は二〇〇三年に入って、北朝鮮による核保有の阻止は困難であるという認識に傾斜している、と伝えられた。かりに寧辺の核施設を攻撃するという軍事的手段は、朝鮮半島における戦争を誘発するだけでなく、プルトニウムの濃縮作業は阻止できても、ウラン濃縮作業は別の秘密の施設で行われており、これを阻止できないという問題もある。韓国も日本も半島で戦争が発生するのはどうしても避けたく、アメリカの軍事攻撃に強く抵抗することは明らかである。そういうことから、米朝交渉におけるブッシュ政権の最低ラインの交渉目標はむしろ、核兵器の開発・保有そのものよりもその輸出（売却）の阻止にある、とも考えられる。[47]しかし、第二に、こうしたブッシュ政権の本音を交渉の基礎に据えられない理由は、これでは、より直接的な脅威を感じている日本と韓国を納得させられないからである。したがって、ブッシュ政権は当面、日米韓の最大公約数である、北朝鮮の核兵器開発の放棄を交渉の目標とせざるをえない。

そうした事情から、ブッシュ政権は中国の懸念を巧みに利用しながら、中国の仲介外交に期待するようになった。中国やロシアは、北朝鮮の核保有が日本、韓国、台湾での核保有につながることを是非防ぎたいと考えている。くわえてロシアの場合は、チェチェン、中国の場合は新疆ウイグル自治区の反政府闘争をそれぞれ抱えており、こうした反政府勢力の手に核兵器が渡れば安全を直接脅かされるという事情もある。したがって、ブッシュ政権は、北朝鮮の核保有が現実のものになるとどうなるかを中国に認識させることで、中国を動かそうと考え始めた。二〇〇三年に入って、ブッシュ政権が北朝鮮との二国間協議を拒否し、代わって、多国間の枠組みで平和的に解決すると繰り返し発言し始めた背景には、こうした考えが政権内で強くなっていることを窺わせた。[48]

ブッシュ政権が二国間協議から多国間重視のアプローチに力点を変化させた決定的理由は、アメリカのイラク攻撃作戦の開始であった。ブッシュ政権は二つの危機に同時に対処するという二正面作戦は避けたい。〇二年一〇月初旬のケリー訪朝のさいに、北朝鮮の核開発計画の存在が明らかになった後の一〇月半ば、この問題への対応を検討するために、国家安全保障会議（ＮＳＣ）が開催された。この席で、ブッシュ大統領は「今、もう一つの危機は必要ない」と述べ、イラクとの対決に全力投球することにし、二正面の危機対応を避ける方向性を打ち出した。[49]〇三年一月一八日には、北朝鮮が核開発計画を放棄することを前提に、北朝鮮への不可侵を「書簡や公式の声明」などの形で文書化する用意があると発言し、外交的解決を目指す姿勢を強調した。アメリカとしては、二正面作戦はできるだけ回避したかった。

一方、日本、韓国、ロシアは多国間の枠組み、たとえば、六か国協議開催をこれまでも求めてきた。これに対して、中国は四か国協議（米、中、南北当事国）を重視し、日本やロシアを含めた六か国協議には消極的であった。しかし、その中国もまた、六か国協議のような多国間枠組みの必要性を認識するようになった。〇三年三月一一日の新華社電によると、江沢民国家主席はブッシュ大統領との電話会談の中で、「形は重要ではない。肝心なことは双方が誠意を持ち、実質的内容を伴うかどうかだ」と述べて、核問題は米朝二国間の問題だとしてきたこれまでの姿勢を修正し、アメリカが提案する多国間協議も容認する考えを示した。[50]

そうした中、四月二三日から二五日までの三日間にわたって、米中朝の代表が北京で協議を行った。この三者協議の場で、北朝鮮は「新しく寛大な解決方法」（北朝鮮外務省）を提案した。内容は公表されていないが、報道されたところによると、北朝鮮側はミサイル発射実験の凍結、輸出停止、核査察官の受入れ、核の放棄をする代わりに、アメリカ側に対して不可侵の約束、日韓も含む経済支援を求めるものであった。[51] ただし、これらの措置を段階的かつ並行的に進めていき、最後に北朝鮮が核放棄を行うという内容だとされることから、核の放棄が先決だとするアメリカの立場とは大きな開きがあった。また、北朝鮮側は三者協議開催前の二一日、使用済み核燃料棒を「再処理している」との外務省スポークスマン談話を発表していたが、さらに三者協議中、北朝鮮の李根外務省米州副局長とケリー米国務次官補との立ち話のなかで、李代表の口から核兵器保有の発言がなされるなど、米政府内の強硬派の立場を強化するような結果を招いた。[52]

他方、対北朝鮮政策をめぐる国防総省と国務省の対立は依然として根深いものがあり、二一日付け『ニューヨーク・タイムズ』紙が、北朝鮮指導部の追放を目指すべきだとするラムズフェルド国防長官のメモについて報道した。こうした政権内強硬派によるリークは、三者協議中にも繰り返され、二四日には、米政府高官筋の発言として、北朝鮮側が核兵器の保有、使用済み燃料の再処理完了を認める発言を行ったことが暴露された。[53] しかし、国務省当局者は、使用済み燃料棒の再処理については、「熱検知による分析などから見る限り、再処理は実施されていない」と述べ、北朝鮮の発言は「虚勢」の可能性もあるとの見方を示した。また、韓国国防省当局者も「再処理施設は稼動していない」と断言し、国務省の見方に同調した。これらの経緯は、米政府もまた内部対立を調整することができず、統一した政策を打ち出せないまま三者協議に臨んだことを示している。

三者協議は意見提示にとどまったとはいえ、北朝鮮側の姿勢には注目すべき変化も見られた。北朝鮮は三者協議で、これまで主張していた不可侵条約の締結ではなく、「不可侵の約束でもかまわない」と譲歩姿勢を見せた。さらに、三者協議終了後の四月二九日、北朝鮮の国営朝鮮中央通信は改めて、「不可侵の公約」という表現を初めて使用し、アメリカの北朝鮮敵視政策の放棄を求めた。[54] アメリカは不可侵条約の締結は議会の承認を得る必要もあり、これを一貫して拒絶していたことから、「不可侵の公約」でもよい可能性を北朝鮮が示唆したことは、譲歩姿勢を示すものとして注目される。

北朝鮮は北京での三者協議開催にあたっては、日韓などの参加を拒否したが、六月一日、エビアン滞在中のブッシュ大統領と中国の胡錦濤中国国家主席との間の首脳会談の席上、中国側は北朝鮮側が多国間協議に応じる条件として、同協議の枠組みでアメリカとの二国間接触を求めていることを伝えた。これに対して、アメリカ側は多国間協議の中で「直接対話することは可能」との柔軟な姿勢を示した。またその前日、ロシアのサンクトペテルブルク市内で小泉首相は胡錦濤国家主席と会談し、両首脳は北朝鮮の核開発問題を平和的、外交的に解決することで一致、さらに胡主席は三者協議への日韓両国の参加について、「十分に理解する」と語った。続く七月一五日、戴秉国（タイピンクオ）中国外務次官が平壌を訪問し、金正日総書記との会談後の記者会見で、会談を「有益だった」と評価した。このことは、六者協議開催を目指す中国の自信を覗かせた。

この間、アメリカ政府内の強硬派はこうした中国の努力に冷水を浴びせるかのようにリークを繰り返した。七月二日、『ニューヨーク・タイムズ』紙は、米中央情報局の当局者がアメリカの衛星から得た情報として、北朝鮮が小型核実験場の存在を確認したと報じた。続いて七月一一日には、米NBCテレビが、北朝鮮が使用済み核燃料を再処理している「物証」をつかんだ、と報じた。このため、米国務省のバウチャー報道官は一五日、北朝鮮が「使用済み核燃料棒の再処理を完了した」と米側に通告してきた事実を公式に確認せざるをえなくなったが、他方で、「主張が正確なものかどうかは確認できない」とも述べ、政権内の強硬派とは一線を画する姿勢を示した[55]。アメリカ政府内の強硬派によるこうした妨害にもかかわらず、中国の粘り強い仲介外交が功を奏して、八月二七日から二九日にかけて、北京で六者協議（米中朝韓日ロ）が開催されることになった。

六か国協議は次回の日程を決められず、共同声明や共同宣言の形で文書化することもできなかったが、それでも中国代表の王毅（ワン・イー）外務次官の議長総括という形での「六項目合意」を発表した。

①対話を通じた核問題の平和的解決、②朝鮮半島の非核化、北朝鮮の安全への懸念を考慮する、という点では共通認識ができた。また、③状況を悪化させる行動の自制、④相互信頼の確立、共通認識の拡大、⑤協議プロセスの継続も謳われた。問題はこれを実行に移すためのロードマップをどのように作成するかである。この点に関しては、⑥段階的な、同時的または並行的な問題解決への全体計画の策定、がうたわれた。

アメリカはこれまで、北朝鮮の核開発計画の放棄が先決で、その後に安全の保証の文書化に応じると主張してきた。これに対して、北朝鮮は不可侵条約の締結が先で、核の放棄は最終段階に行うとの主張を繰り返してきた。米朝とも六者協議で同様の主張をした、と一般には受け止められている。しかし、米政府高官筋はその後、今回の六者協議では、北朝鮮の核の放棄は「ステップ・バイ・ステップ」の段階的な対応を認めていたことを明らかにした。この高官は、「協議期間中、『無条件で』という言葉は一度も使わなかった」と述べ、一方的な核の放棄を迫ったわけではないと説明した。[56] これがアメリカ政府の立場だとすれば、核の放棄完了前でも北朝鮮の「不可侵の保証」について検討する用意があることを意味する。事実、その後のアメリカ政府の行動はこれを裏付ける形となった。ブッシュ大統領と中国の胡国家主席はバンコックで開催されたAPEC会議で会談したさいに、北朝鮮が求めるアメリカからの「安全の保障」について、六者協議の枠組みの中で文書化に応じる考えを表明したのである。アメリカが柔軟な姿勢を示したことに対して、一方の北朝鮮は「米朝不可侵条約締結というこれまでの要求を取り下げる」というメッセージを米側に送り始めた。条約形式以外の方法で「安全の保証」を文書化することでも受入れ可能という立場に態度を変化させた。したがって、この問題での米朝双方の立場には柔軟な姿勢と歩み寄りが見られることに留意したい。

今後は、双方が受け入れ可能な文面の作成と、文書にどこまで法的な拘束力を持たせるかなどが焦点になる。日米韓三か国が中国に伝達した共同文書案の骨格は、① 北朝鮮は完全かつ検証可能な形で核開発計画を放棄する用意があることを表明する代わりに、五か国は多国間の枠組みにもとづく声明で安全を保証する用意があることを表明する、② 参加国の関係正常化を目指す、③ 六者協議を定例化する、④ 六者協議の継続中に事態を悪化させない、⑤ 「人道問題」への対処、から構成されている。これに対する北朝鮮の反応は現在のところ、次回の六者協議では少なくとも、「言葉による公約」と「第一段階の行動措置」についての合意が必要であるというものである。[57] 「言葉による公約」が、安全を保証する用意を五か国が口頭で表明することを意味するのであれば、これは可能であろう。「第一段階の具体的行動処置」について、北朝鮮は「テロ支援国家」リストからの解除、経済制裁の解除、重油・電力などのエネルギー支援を挙げているが、北朝鮮が核の全面放棄を約束すれば、アメリカとしても段階的にこれらの要求に応じることは十分考えられる。また、アメリカは九四年の米朝合意枠組みにもとづき年間五〇万トンの重油を北朝鮮に供給してきたが、二〇〇二年一〇月北朝鮮のウラン濃縮計画が発覚したことで、ブッシュ政権は同年一二月から供給を凍結したままである。同様に、軽水炉建設事業についても一二月一日から一年間中断することが正式に発表された。ブッシュ政権は軽水炉建設事業については、再開はありえないという立場であり、重油供給の再開を次回の六者協議で明記するべきだとする北朝鮮の要求に対しても応じられない、としている。しかし、少なくとも重油供給の再開、あるいは「テロ支援国家」指定の解除やエネルギー支援のメドがつかなければ、北朝鮮としては、核の放棄には応じられないだろう。逆に、日米韓の立場からすれば、次回の六者協議で北朝鮮が核を放棄する意志を表明するのでなければ、エネルギー支援や経済制裁の解除には応じられないということになる。

上述のような文脈の中で、第二回目の六者協議が二〇〇四年二月二五日から二八日にかけて北京で開催された。中国が目指した共同文書の作成は見送られ、代わりに「議長声明」が書面で発表された。焦点の核問題では、日米韓は平和利用を含めた完全放棄を求めたのに対して、北朝鮮は核廃棄の対象を「核兵器計画」に限定し、原子力の平和利用は認めるべきだとの立場を採った。KEDOによる軽水炉建設はすでに中断され、再開の可能性が事実上なくなったことを考えると、北朝鮮の主張はそれなりに一貫性を持っている。中国とロシアはこうした北朝鮮の姿勢を支持し、アメリカも「完全かつ検証可能で後戻りできない廃棄」という原則を明文化することに拘らなかったために、「議長声明」は「核兵器のない朝鮮半島の実現」という表現で決着し、北朝鮮の主張に配慮する形となった。また、アメリカは核の全面廃棄には高濃縮ウラン（HEU）生産計画も含むとの立場であるが、北朝鮮はその存在を認めず、アメリカもまたこの点をあくまで追求する姿勢を見せなかったことから、この問題は先送りとなった。アメリカも北朝鮮も六者協議の継続を優先するとの観点から、柔軟な姿勢で協議に臨んだが、両者の立場の違いは依然として大きく、核放棄にいたる具体的措置は「議長声明」には盛り込まれなかった。

しかし、第二回目の六者協議で注目されるのは、韓国が提案した三段階案である。それによると、第一段階で、北朝鮮が全面的な核放棄への意思を明確にすることを条件に、五か国側は北朝鮮に安全の保証を与える用意があることを表明する。第二段階では、北朝鮮が核廃棄を前提にした核凍結などに着手し、IAEAの査察を受ければ、代わりに韓中ロがエネルギーを支援する。最終段階では、北朝鮮が完全に核廃棄を終えると同時に、五か国が北朝鮮の安全を文書で保証する。アメリカは北朝鮮をテロ支援国家リストから外すなど、米朝関係改善を進める。注目されるのは、エネルギー支援に関して、日米は支援には加わらないが、韓国の提案を支持したことである。実際のところ、第二段階の措置はジュネーヴ合意枠組みですでに実施されていたという経緯もあり、この段階までは、次回の協議で実現可能であろう。全体として、解決のためのロードマップはここに示されているというべきで、要は政治決断の問題である。

第二回目の六者協議開催にいたる過程で浮かび上がってきたもう一つの注目点は、六者協議開催前の二月一一日から一三日にかけて実現した日朝政府協議の再開である。北朝鮮は、拉致問題を解決して六者協議の交渉に臨み、アメリカとの交渉に全力を注ぎたいとの姿勢を示した。なかでも、北朝鮮側は「出迎え案」に再び言及し、拉致問題を解決したいとの意向を示したことが注目される。確かに、北朝鮮側は本人の意思を尊重するとの立場を崩しておらず、拉致被害者五人の家族八人が確実に帰国できるかどうかはいまだ曖昧である。しかし、北朝鮮としては、拉致問題の解決なしでは日朝正常化交渉が軌道に乗らないことを十分承知しており、第二回目の六者協議でも二国間協議の継続を確認した。このことは、この問題を解決したいという北朝鮮側の意向を示すものと考えられる。ただ、六者協議開催中に、北朝鮮の代表を務めた金桂寛外務次官は日本側代表の藪中三十二外務省アジア大洋州局長に対して、拉致問題の進展は「核問題の解決や朝米関係の進展とも関係している」と語ったことに示されるように、核問題と拉致問題を完全に無関係のものとして扱うことは困難であることから、日本政府としては、一方で、二国間政府協議を通して拉致問題の解決に向けた努力を重ねながら、同時に六者協議の場では日米韓、それに中ロとも協力しながら、韓国の三段階案の実現に取り組むことが求められる。

## Ⅵ　ブッシュ政権の選択肢と日本外交にとっての含意

尹徳敏韓国・外交安保研究院教授は、二〇〇三年二月の論文で、想定されるブッシュ政権の外交選択肢として、①協議、②無視、③封じ込め、④軍事介入という四つのオプションを検討している(58)。以上のオプションにくわえて、⑤非軍事的手段で体制転覆を目指すという選択肢も理論的にはありうるだろう。

すでに検討してきたように、ブッシュ政権は二〇〇三年一〇月までは、②の「無視」に近い態度をとってきた。③の「封じ込め」はある意味で、アメリカの歴代政権による経済制裁を通して、すでに実施されてきた。ブッシュ政権は緩やかな形での封じ込めを関係各国に働きかけている、といってよい。しかし、目下のところ、日、韓、中、ロの協力を得られない状況である。それだけでなく、「特別仕立ての封じ込め」というオプションは、体制転覆や体制改革を待つという選択肢と同様に、時間がかかりすぎる。したがって、「封じ込め」政策は、この間に北朝鮮の核開発がレッドラインを超え、有効な対処ができなくなるほどの危険水域に達するという問題を抱えており、選択肢としては現実的ではない。

④の軍事的オプションもまた、選択肢として現実的なものではない。ブッシュ政権は軍事攻撃の可能性を排除していないが、イラク攻撃の場合とは相当に異なる難問を抱えている。すでに指摘したように、

北朝鮮によるソウル攻撃が行われた場合、数百万の犠牲者が出ると推定されており、韓国は強く反対している。韓国は北朝鮮の核武装を絶対容認できないとの立場であるが、かといって半島での戦争の勃発も受け入れることができない。朝鮮半島で戦争が起きた場合、日本も深刻な影響を受けることになり、日本も反対である。そのうえ、中国やロシアが強く反対することは明らかである。イラクの場合とは状況が異なるのである。九四年六月の核問題をめぐる危機のさいに、アメリカ政府は戦争計画を検討したが、当時国防長官の地位にあったペリーは、在韓米軍や韓国軍に「非常に多くの犠牲者」が出ることが判明したと証言している。[59] こうしたことから、アメリカ政府内でも、軍事的オプションは現実的選択肢だとは考えられていない。

ペリーらは日韓両国と体制転覆の可能性についても協議した、という。しかし、この選択肢も除外された。障害の理由の第一は、金正日体制下ではイラクやアフガニスタンの場合と違って反体制派が存在していないといってよく、政権崩壊後の受け皿が存在しないことであった。第二に、体制転覆には数年を要すると考えられ、その間に核開発はどんどん進行していく。こうした理由から、日米韓は、体制転覆は現実的選択肢ではないとの結論に達した、とペリーは証言している。[60] それ以外にも、イラクの場合と違って、北朝鮮に石油資源はなく、戦争という大きなコストを払って政権を打倒するだけの魅力もない。このように考えると、現実的な選択肢は交渉による平和的な解決である。

ブッシュ政権がこのような考えに傾いている現在、日本はどのような外交を展開すべきであろうか。六者協議における北朝鮮の基本的姿勢は、体制や安全の保証はアメリカから、経済支援は日韓からであることを示している。このことは、北朝鮮が、「アメリカは南北関係の発展や朝日関係正常化の妨害をすべきでない」と述べたことに表れている。北朝鮮が日朝交渉への期待を残していることは、日本が二国間協議を通して、米朝協議の促進に独自の役割を果す可能性のあることを示唆するものである。一方、北朝鮮は交渉の核心をなすのは核問題であり、最大の難問はアメリカから安全の保証を取り付けることであると認識している。北朝鮮にとって、拉致問題だけを解決しても核問題が解決しなければ安全の保証も得られず、国交正常化も経済協力も実現しないことを周知している。六者協議の参加国の間でも拉致問題の解決は優先度が低い。したがって、日本は核問題の解決に取り組みながらも、この問題での米朝間の合意形成の進展に合わせて、適当なタイミングを見計らって拉致問題の解決に向けた日朝交渉を加速させるべきである。

そのための準備として、日本政府は拉致問題によって醸成された国内世論の感情的反発を鎮静化させる努力をするべきである。拉致問題が表面化した後の日本外交は国内世論の北朝鮮アレルギーに足を引っ張られて身動きが出来ない状況に置かれている。拉致問題での前進がなければ交渉をしないという政府内強硬派の姿勢では、この問題の解決は困難である。日本は核、ミサイル、拉致のみならず、植民地主義支配の清算という独自の問題を抱えており、核問題の協議の進展を睨みながら独自の対応が必要である。そのためには、日朝交渉の障害になっている国内世論の啓発と説得にも努めるべきである。

六者協議で重要な役割を果しているのは中国である。ケリー米国務次官補は二〇〇三年九月一一日の上院外交委員会の公聴会で、中国が北朝鮮に燃料を供給するパイプラインを一時停止するなど影響力を行使したことが、四月の米朝中三者協議や八月の六者協議に結びついたとの認識を示した。また、ブッシュ大統領は「すべてはここから始まった。『朝鮮半島の非核化は中国の利益』と江沢民は明言した」

と述べ、二〇〇二年一〇月の米中首脳会談が六者協議の出発点であった、と振り返った。[61]

中国がそれまでの中朝関係から一定の距離を置き、より中間的立場から朝鮮半島の平和と安定のために積極的な仲介外交を進めてきたことが六者協議の実現につながった。この現実を踏まえ、日本政府は韓国と協力しながら、中国の仲介外交に積極的に協力することが求められる。そうした対中協力の中には、小泉首相による靖国神社への参拝の中止またはA級戦犯の分祀による問題解決の打開ということも含まれる。

六者協議の成果獲得に向けた仲介外交のなかで中国が苦労していることの一つに、米朝間の相互不信の根深さがある。ブッシュ政権は、北朝鮮がNPT条約に違反して核開発を秘密裡に進めていたこと、さらに一九九四年一〇月の「ジュネーヴ合意枠組み」の履行過程でアメリカ側の約束の履行が遅延に遅延を重ねたことを背景に、九八年に入ってウラン濃縮計画を推進したことが判明したことなどから、北朝鮮に対する不信感は容易に払拭し難いものがある。一方、二〇〇〇年一〇月九日の米朝共同声明で、相手国に対して敵意を有しないと宣言したにもかかわらず、その後誕生したブッシュ政権は「悪の枢軸」演説の中で北朝鮮を名指ししただけでなく、その後も政権内の高官が北朝鮮の体制転覆を示唆する発言を繰り返すなどしてきたことから、北朝鮮の側にもアメリカに対する不信感と恐怖感が根強く残っている。六者協議にかかわる中国政府高官は、「北朝鮮は核問題を解決する意志を持っているし、米国も北朝鮮を威嚇しようとは考えていない。しかし互いに信じようとしない[62]」、と仲介外交の難しさを語っている。

日本としても、この相互不信の壁を破るためになすべきことがある。たとえば、アメリカは北朝鮮から譲歩を引き出すためには圧力外交や力の外交が有効であると考えがちである。なんらかの圧力をかけることは必要であろうが、圧力や制裁だけでは北朝鮮の譲歩を引き出すことは困難である。クリントン政権下の「合意枠組み」は義務を履行すれば、軽水炉の提供を受け、重油も供給されるが、合意内容を履行しなければ、これらの利益を失うという、いわば制裁と報奨の組み合わせから構成されており、このようなやり方は一定の成果を挙げてきた。したがって、圧力と報奨の組み合わせを用意して協議するなかで核やミサイル問題の解決を図るというのが現実的であると思われる。このような観点から、日本は必要に応じてアメリカを説得することが必要である。二〇〇二年年九月一七日の日朝平壌宣言は、「この地域の関係各国の間に、相互の信頼に基づく協力関係が構築されることの重要性を確認する」とともに、「地域の信頼醸成を図るための枠組みを整備していくことが重要であるとの認識を一にした」、と述べている。日本はこの点に役割を見出すことができよう。

同宣言は続いて、「双方は、核問題及びミサイル問題を含む安全保障上の諸問題に関し、関係諸国の対話を促進し、問題解決を図ることの必要性を確認した」、とうたっている。六者協議はその重要な第一歩であり、その定着に日本は独自の立場から外交努力を行うべきである。また、六者協議の場で、日本政府は、「北朝鮮に対し、出口を示す必要がある」との観点から、「見返り」として、エネルギー支援や安全保障上の懸念を解消する措置に言及した。さらにアメリカに対して、包括的解決に向けた考え方を示すよう要請した。こうした努力は評価に値する。核、ミサイル、拉致をめぐる問題では、具体的行動で北朝鮮の不信感を払拭する努力を積み重ねていく以外に問題の平和的解決の道は見出せない。

ヨーロッパと異なり、東アジアやアジア太平洋にはいまだに、有効に機能する多国間協調の安全保障枠組みが存在していない。言い換えると、この地域の安全保障秩序はアメリカを中心とした二国間の安全保障条約のネットワークによって維持されてきた。いわゆる「ハブ・アンド・スポーク」型安全保障である。その結果、戦後日本外交は日米安保に大きく依存することになり、日本はアメリカの戦略のなかでしか行動できず、しばしばアメリカに振り回されてきた。この異常なまでの対米依存外交から脱却するためには、多国間協調安全保障システムが必要である。六者協議が実現したことはその第一歩となるかもしれない。六者協議の開催を、このような東アジア冷戦史の文脈の中に位置付けたとき、朝鮮半島の緊張緩和と南北の和解は喫緊の課題であり、日朝国交正常化問題をかかえる日本が、そのために果す役割と責任も大きいといわなければならない。六者協議が「失われた機会」とならないようにするために、日本の政治外交の指導者はいま、重大な政治的決断を求められている。日本外交はそのような意味で、歴史の峠に立っているといっても過言ではない。

［註］

（1）John E. Rielly "The Public Mood at Mid-Decade," *Foreign Policy*, Spring 1995, pp. 76-90.

（2）「アメリカ国益検討委員会」の活動はそうした例であり、一九九六年にアメリカの国益を列挙した報告書が作成された。The Commission on America's National Interests, *America's National Interests, Report from the Commission on America's National Interests*, 1996. また、以下は「アメリカの国益の浸食」を指摘した論文である。Samuel P. Huntington, "The Erosion of American National Interests," *Foreign Affairs*, September/October 1997.

（3）詳しくは、以下を参照されたい。マイケル・クレア『冷戦後の米軍事戦略』かや書房、一九九八年。

William W. Kaufman and John D. Steinbruner, *Decisions for Defense: Prospect for a New Order* （Washington D.C.: The Brookings Institution, 1991）, pp.26-27.

（4）「他者性」の再生産を通して、国内世論に向けて、アメリカ人の伝統的な使命感やアイデンティティ形成をはかろうとするアメリカ政治の傾向性を論じたものとして、以下の拙論を参照されたい。「冷戦後のアメリカ外交と9・11後の世界秩序の行方」『法政研究』第六九巻三号（二〇〇三年一月）、五六三―六〇九頁。「他者性」（敵）の再生産による例外国家としてのアメリカの自己規定過程は、外に向かっては、日本や欧州の同盟諸国のアメリカ離れを阻止する機能を持っていることにも注目する必要がある。一九九四年秋から開始され一九九六年の日米安全保障共同宣言にいたる日米安保「再定義」の過程はそのような文脈で捉えることが可能である。

（5）Jim Wolfe, "Cuba and North Korea Top the Chairman of the Joint Chiefs' List of World Villains," *Army Times*, April 15, 1991, p.4.

（6）Stephen S. Rosenfeld , "Gulf Giddiness," *Washington Post*, May 31, 1991, p. A19.

（7）Michael J. Mazarr, *North Korea and the Bomb* （London: Macmillan, 1995）, pp.81-82, 96. 「特定査察」とは、保障措置協定締結後に申告された原子力活動に関する情報について、それが正確かつ安全であるかを検認するために実施する一連の査察である。「特別査察」は、当該国より申告された情報や査察を通じて得た情報では原子力活動の軍事不転用を検認できない場合などに、当該国の同意を得て追加的な情報入手や場所への接近をおこなう査察である。

（8）*Ibid.*, p.81.

（9）一九七〇年代に韓国が核兵器開発を推進していたときにアメリカがそれを断念させようとして行った説明はまさにこのような論理であった。この点に関しては、以下の孔魯明元韓国外相発言を参照されたい。朝日新聞シンポジウム『日米同盟と北朝鮮の「核」』（二〇〇三年三月二一日）、四五頁。

(10) この間の事情の分析に関しては、以下の拙論を参照されたい。「日本の役割に関する米国の見解とアジア太平洋の地域主義」菅英輝、G・フック、S・ウェストン編著『アジア太平洋の地域秩序と安全保障』ミネルヴァ書房、一九九九年、五〇―八二頁。「『脆弱な国家』と日米安保体制」峯陽一、畑中幸子『憎悪から和解へ――地域紛争を考える』京都大学学術出版会、二〇〇〇年、二八〇―三四〇頁。

(11) 南北間の戦略バランスはいまや、韓国にはるかに有利なものである。韓国の人口は北の倍、国民総生産は約一八倍と推定され、国力の差は日米間のそれよりも大きい。ちなみに、アメリカとメキシコとの国民総生産の格差は二三倍である。北朝鮮の国民総生産は沖縄の県民総所得の五分の一で、近代兵器の輸入能力も乏しい。したがって、戦闘機や戦車においても、韓国の最新鋭の装備と比べると旧式のものが多く、総合的な戦略バランスは韓国に有利になっている。このような状況のもとでは、メキシコがアメリカを攻撃したいとは夢にも思わないのと同様、北朝鮮が軍事行動を起こす危険は極めて低くなっているというのが、現実的かつ合理的な見方であろう。『アエラ』(臨時増刊号)一七号(一九九九年四月一五日)、二八頁。五十嵐武士「日米安保体制の再定義とアジア・太平洋地域」『アメリカン・スタディーズ』第二巻(一九九七年)、五六頁。軍事戦略の専門家であるカウフマンらも、韓国は軍事バランスのみならず経済力の点でもはるかに有利であるとの観点から、在韓米軍を考慮しなくても抑止力は機能している、との見方を肯定的に紹介し、逆に在韓米軍の存在は韓国の核開発や軍事行動を抑止する機能を持っていることを示唆している。**Kaufmann and Steinbruner, *op. cit.*, pp.45-46.** もし、北朝鮮の指導者が合理的な判断や行動ができないという立場にたてば、そうした見方は成り立たなくなる。しかし、その場合は、同時に、防衛体制をいくら強化しても、戦争の開始を阻止できないということになる。同様に、北朝鮮が体制危機に陥った場合には、軍部の強硬論を抑えることができなくなる可能性もあり、その場合も戦争の可能性を完全には排除できない。したがって、合理的に考えれば、体制危機に追い込むような政策は予測不可能性の度合いを増すことになり、そうした政策を回避することが賢明だということになる。

（12）小此木政夫「序論　朝鮮半島の冷戦終結」、同編『ポスト冷戦の朝鮮半島』日本国際問題研究所、一九九四年、四頁。
（13）伊豆見元「米国の朝鮮半島政策」（第六章）、前掲、小此木『ポスト冷戦の朝鮮半島』、一八六頁。
（14）一九九一年一二月一一日～一三日の第五回南北高位級会談において、南北両朝鮮は「南北間の和解と不可侵及び協力交流に関する合意書」を採択。「合意書」では、「南北関係は国と国との関係ではない、統一を志向する過程において暫定的に形成されている特殊な関係」である、とされた。金日成は一九九〇年に「二つの政府」の存在を認め、国連同時加盟にも踏み切っていた。また、一九九一年七月三〇日、北朝鮮が朝鮮半島非核化共同宣言を提案したのに応じて、韓国の盧泰愚大統領は演説のなかで、朝鮮半島の非核化宣言を発表し、核兵器の製造、保有、貯蔵、配備をしない、核の濃縮施設を保有しない旨の提案をおこなった。その結果、一九九二年一月二一日、南北は「朝鮮半島の非核化に関する共同宣言」の調印にこぎつけていた。この非核化共同宣言は「核燃料再処理施設」とウラン濃縮施設の保持も禁止する内容であった。
（15）ジュネーヴ会談後に発表されたプレス・ステートメントは、「（米朝）双方は、ＩＡＥＡの保障措置を完全かつ公正に適用することが、強力な国際的核不拡散体制を達成するうえで必須のものだという点で見解を同じくした」、とうたった。このことは、ブラジルやアルゼンチンのようにＩＡＥＡとの間に「二者間」の保障措置協定を締結するというようなやり方ではなく、ＮＰＴ体制を尊重する方向での「国際的枠組み」の中で行うことを確認したことを意味する。その意味で、米政府にとっては満足のいく内容であった、と思われる。
（16）Don Oberdorfer, *The Two Koreas*（Basic Books, 1997）, pp.316-336.『朝日新聞』一九九九年四月一六日。
（17）同上。

(18)「合意枠組み」は、以下のような内容からなっていた。北朝鮮は以下の点に同意した。①（年間核弾頭一個分のプルトニウムを得られる）寧辺の原子炉及び再処理施設の凍結及び将来の解体、②燃料棒からのプルトニウム抽出禁止、③燃料棒の封印と国外搬出、④核関連施設の最終的な撤去、⑤NPTへの残留、⑥IAEA保障措置協定上の義務履行と、過去の核活動を含む核開発の検証、⑦一九九一年南北非核化共同宣言の実行と南北対話の開始。これに対して、アメリカは次のような行動措置をとることに同意した。①北朝鮮は黒煙減速型原子炉に代えて、プルトニウムの抽出が困難な軽水炉への転換に同意する。代わりに、米国は原子力発電用の軽水炉二基の建設と建設完成（二〇〇三年）までのエネルギー（年間五〇万トンの重油）供給を約束、②それらの具体的態様を検討、実施するためのコンソーシアム（KEDO）の設置、③米朝は政治経済関係の完全な正常化の方向に進む（経済貿易制裁の緩和、連絡代表部の相互設置と大使館への格上げ）。資料に関しては、以下を参照。姜尚中他編『日朝交渉』岩波書店、二〇〇三年、二三二―二三三頁。

(19) クリントン政権は当初、北朝鮮の体制が崩壊するのではないかと見ていたとする解釈がある。しかし、「合意枠組み」交渉の米側責任者であったガルーチや交渉に携わったダニエル・ポンネマン国家安全保障会議核不拡散担当上級部長の証言によると、当時CIA長官の職にあったジョン・ドイッチェはそう予測していたが、クリントン政権の政策形成者たちの間には、そのような想定はなく、「合意枠組み」も北朝鮮の体制崩壊を前提にしたわけではなかった、という。前掲『日米同盟と北朝鮮の「核」』、三三―三四頁。

(20) David S. Cloud and Jay Solomon, "A Series of Missteps Led U.S., North Korea Down Path to Current Conflict," *Wall Street Journal*, March 5, 2003.

(21) 尹徳敏「対北朝鮮政策で試される国際協調態勢」『朝日総研リポート』二〇〇三年二月、二三―二四頁。

(22) Leon V. Segal, "North Korea is no Iraq: Pyongyang's negotiating strategy," *Arms Control Today*, Washington, Dec. 2002, p. 3. ガルーチは考えられる理由として、①何が何でも核兵器を持ちたかった

から、②「合意枠組み」が機能せず、米国が北朝鮮の生存を保証しないという事態になったときの備えとして保険をかけた、③カードとして利用価値がある、④ノドンのミサイル技術が欲しいパキスタンから、ウラン濃縮技術とバーター取引しようと提案されて新たにウラン濃縮を開始した、という四つの可能性を指摘している。前掲『日米同盟と北朝鮮の「核」』、九頁。

（23）李鐘元「『テポドン』と北東アジアの国際政治」『世界』一九九九年四月号、一二一頁。

（24）ウェード・ハントレー、ティム・サベージ「日米による外交的承認を――岐路に立つ枠組み合意」『世界』、一九九九年四月号、一二四頁。ダン・オーバードーファーもまた、北朝鮮は一九九三年に核開発プログラムを通して、アメリカを直接交渉に引っ張り出すカードとしてこうした手法が有効であることを発見した、と述べている。Oberdorfer, *The Two Koreas, op.cit.*, p.336.

（25）米朝共同声明の内容に関しては、以下を参照されたい。『朝日新聞』一九九九年三月一八日、同三月一六日夕刊。

（26）Robert Gallucci, "Progress and challenges in denuclearizing Norht Korea, *Arms Control Today*, Washington May 2002, p.12.

（27）Leon V. Sigal, "North Korea is no Iraq", *op. cit.*, p. 5. Nicholas Eberstadt, "Korea", Strategic Asia-2001-2002 Northeast Asia The National Bureau of Asian Research 2002, p. 148. http:www.strategicasia.nhr.org/Report/index.aspx?category=1 ;Torkel L. Patterson, ICAS Spring Symposium, June 21, 2001, p.8. http://www.icasinc.org/s20011tlp.html.

（28）前掲、尹徳敏「対北朝鮮政策で試される国際協調態勢」、一二六頁。

（29）William J. Perry, "Crisis on the Korean Peninsula: Implications for U.S. Policy in Northeast Asia," January 24, 2003, Falk Auditorium , The Brookings Institution, pp.5-6.

（30）Department of Defense, *Annual Report to the President and Congress*（U.S.G.P.O., 2002）. *The*

*National Security Strategy of the United States*, White House, September 2002 (U.S.G.P.O., 2002).

(31) 日本でなされる北朝鮮の脅威に関する議論で留意すべきことは、かりに核兵器を北朝鮮が保有したとしても、日朝が敵対的な関係になければ、相手が攻撃してくる可能性はないと考えるのが合理的な戦略論であるということである。日本では、この意図に関する議論が脱落しており、戦略論や安全保障論としても合理性・妥当性に欠けるものが多い。

(32) 二〇〇二年一〇月初旬ケリー国務次官補が訪朝したさいに、北朝鮮側は「核開発計画」の存在を認めたが、この問題がクローズアップされるようになった一一月初旬、『ニューヨーク・タイムズ』紙とのメールでのやり取りの中で、北朝鮮の国連代表部の韓成烈(Han Song Ryol)大使は次のように指摘している。同大使はまず、ブッシュ政権がクリントン政権の下で開始された広範な米朝協議を中断し、その成立当初から北朝鮮に対して敵対的姿勢をとってきたことに驚いていると述べたうえで、なかでも、北朝鮮を「悪の枢軸」に指定し、大量破壊兵器でアメリカを脅かす国に対して先制攻撃をする意図を繰り返し表明したことには特に警戒心を示した。大使は続いて、そういう状況の下で、北朝鮮にとって、「他に(核兵器開発以外に)どのような選択肢があるというのか」アメリカ国民に問いたい、と語っている。同大使は、この発言が政府内の上層部の了承を得ていることを明らかにしているので、それなりに重みのある発言である、と考えられる。この点に関しては、以下を参照。Philip Shenon, "North Korea Says Nuclear Program Can be Negotiated," *The New York Times*, November 3, 2002, p. 1.

(33) Leon V. Segal, "North Korea is no Iraq", *op. cit.*, p. 6.

(34) ガルーチは「合意枠組み」の次の文章に注意を喚起している。「LWR(軽水炉)プロジェクトの主要な部分が完成する際に、ただし、重要な原子力部品の引渡しが行われる以前に、DPRKは、DPRKにおけるすべての核物質に関するDPRKの冒頭報告の正確性及び完全性の検証に関しIAEAと協議を行った後、IAEAが必要と考えるすべての措置をとることを含め、IAEAとの保障措置協定を完全に履行する」。LWRプロジェクトの引渡しは二段階から構成されており、第一段階は非核関連部品を引渡し、その後に核関連部品の引渡しが行われる。しかし、IAEAの保障措置協定を履行しなければ、核関連部品の引渡しは行われない。重要なのは、この第一段階の約束がアメリカ側によって履行されれば、北朝鮮は特別査察（透明性）を認めると述べている、とガルーチが証言している点である。Robert Gallucci, "Progress and challenges in denuclearizing North Korea," *op. cit.*, p.6.

（35）詳細については、以下を参照。Charles L. Pritchard, Special Envoy for Negotiations With the D.P.R.K. and U.S. Representative to KEDO, "U.S. Policy Toward the Democratic People's Republic of Korea," Testimony before the Subcommittee on East Asia and the Pacific, House Committee on International Relations, July 26, 2001; James A. Kelley, Assistant Secretary for East Asian and Pacific Affairs, "U.S. Policy in East Asia and the Pacific: Challenges and Priorities," Testimony before the Subcommittee on East Asia and the Pacific, House Committee on International Relations, June 12, 2001. http:www.sate.gov/peap/rls/rm/2001/3677pf.htm.

（36）John R. Bolton, "North Korea: A Shared Challenge to the U.S. and the Republic of Korea," remarks to the Korean-American Association, Seoul, August 29, 2002.

（37）日本側もこの事実を認めただけでなく、アメリカ側も事前にこの情報を日本政府に伝えたことを確認したうえで、この米政府高官は、ブッシュ大統領がこの問題を日朝首脳会談で提起するよう求めた、と公式に認めた。同高官によると、ブッシュ大統領は、小泉首相の訪朝時に「極めて強い調子で」核開発凍結維持を要求することを要請したが、小泉首相は「まさに要求通りのことをした」と評価したうえで、このような経過を踏まえて、「大統領は首相訪朝と日朝正常化交渉開始を支持した」、と語った。『朝日新聞』（夕刊）二〇〇二年一〇月二二日。また、「交錯する危機」下、『朝日新聞』二〇〇三年二月一日はこの間の経緯をフォローしている。

（38）Doug Struck, "Nuclear Program Not Negotiable, U.S. Told N. Korea," *The Washington Post*, October. 20, 2002, p. A18.

（39）『朝日新聞』二〇〇二年一〇月一八日。

（40）*New York Times*, October. 20, 2002. 『朝日新聞』二〇〇二年一〇月二一日。

（41）『朝日新聞』二〇〇二年一〇月二二日。

（42）日米韓三国共同宣言については、『朝日新聞』二〇〇二年一〇月二八日を参照。韓国は、一〇月二三日の第八回閣僚級会談（平壌）後、北朝鮮の核開発計画を念頭に「南北は核問題をはじめとしたすべての問題を対話によって解決する」などとして八項目の合意をまとめた共同報道文を発表した。この共同報道文はまた、南北朝鮮間の縦断鉄道・道路の連結工事促進など合意済みの協力・交流事業も確認した。『朝日新聞』二〇〇二年一〇月二三日。

（43）北朝鮮の脱退宣言要旨に関しては『朝日新聞』二〇〇三年一月一〇日（夕刊）を参照。

（44）Kerry's remarks quoted from Philip Shenon, "North Korea Says Nuclear Program Can be Negotiated", *op. cit.*, p.3.

（45）以上の二点にくわえて、ペリーは、①同盟国の間にアメリカの核抑止に対する信頼性が低下し、戦争の危険性が増大する、②韓国、日本、台湾における核保有を誘発する、と指摘している。William J. Perry, "Crisis on the Korean Peninsula: Implications for U.S. Policy in Northeast Asia," January 24, 2003, pp. 8-9. A Brookings Leadership Forum, The Brookings Institution.

（46）『朝日新聞』（夕刊）二〇〇三年三月七日。アーミテージ国務副長官もまた、同様の発言を行っている。Doug Struck and Glenn Kessler, "Foes Giving in to N. Korea's Nuclear Aims", *The Washington Post*, March 5, 2003.

（47）Doug Struck and Glenn Kessler, *ibid.* これに対して、ガルーチやポネマンは、レッドラインの基準として、八〇〇〇本の使用済み核燃料棒からのプルトニウムの抽出あるいは使用済み燃料棒の移動を念頭に置いている。前掲『日米同盟と北朝鮮の「核」』一一七―一二一頁。

(48)ブッシュ大統領は三月六日の記者会見で、「最善の方法は多国間のやり方であり、金正日(総書記)に対し、核兵器開発が彼の国の利益にかなわないと説得する責任を、米国と共に各国が負わなければならない」と述べ、北東アジア地域諸国が協調した多国間枠組みの下で、北朝鮮に核開発を断念するように説得する必要性を強調した。『朝日新聞』(夕刊)二〇〇三年三月七日。

(49)「交錯する危機」上、『朝日新聞』二〇〇三年二月一一日。

(50)『西日本新聞』二〇〇三年三月一二日。

(51)『朝日新聞』二〇〇三年四月二六日、四月二九日、五月一日。

(52)北朝鮮は「核兵器保有」を次のような理由で正当化した。四月三〇日の北朝鮮外務省報道官談話は、「我々はやむなく必要な抑止力を備えることを決心し、行動に移さざるを得なくなった」と述べたうえで、アメリカが「悪の枢軸」演説で北朝鮮を名指し、さらに先制攻撃戦略を唱えていることから、このような脅威に対処するための「正当防衛の手段」だ、と主張した。『朝日新聞』二〇〇三年五月一日。

(53)『朝日新聞』二〇〇三年四月二一日(夕刊)、四月二六日。

(54)『朝日新聞』二〇〇三年五月一日。

(55)*The New York Times*, July 1, 2003.『朝日新聞』二〇〇三年七月一二日、七月一六日(夕刊)。

(56)『朝日新聞』二〇〇三年九月五日。

(57)『朝日新聞』二〇〇三年一二月九日、一二月三日(夕刊)、一二月一〇日。

(58)前掲、尹論文、一二五―一二六頁。

(59)William J. Perry, "Crisis on the Korean Peninsula," *op. cit.*, p. 4.

(60)*Ibid.*, p. 5. 北朝鮮の体制改革を待つという選択肢も時間的な問題があり、現実的ではない、とみなされた。クリントン政権下では、こうしたオプションを慎重に検討した結果、米朝協議を選択した。重要なのは、その後のペリー・プロセスもまた、体制転覆ではなく、あるがままの北朝鮮に対処するという前提に立っていたことである（*ibid.*, p. 6）。William J. Perry, "Review of United States policy Toward North Korea", October 12, 1999, p.4.

（61）James A. Kelley's remarks, Panel One of a hearing of the Senate, Foreign Relations Committee, Subject: U.S.-China Relations, September 11, 2003.『朝日新聞』二〇〇三年九月一二日（夕刊）、八月一七日。

（62）『朝日新聞』二〇〇三年一〇月二〇日。

# 第3章 ソウルと平壌の狭間にある北京

## 南北関係改善における中国の役割

スコット・スナイダー
*Scott Snyder*

### はじめに

一九九二年八月の中国と韓国の外交関係正常化にともない、中国は、北朝鮮の最も確固とした政治的・経済的支持者として、平壌の側にしっかりとおさまっているという立場から、朝鮮半島の将来を決めるうえで決定的な影響力を持ち指導力を発揮するのはソウルであることを認識する立場へと、徐々に移行してきた。中国の対外政策は過去一〇年間の経過の中で、朝鮮半島の将来は平壌ではなくソウルによって形成されるだろうという基本的原則を認め、劇的で現実的な変化を経験してきた。

しかし、中国は平壌との関係を放棄したわけではないし、その大きな経済的影響力を失ったわけでもない。中国は北朝鮮にとって最も大きな外的影響力を持つ国であり続けている。北朝鮮の指導部はこの事実をよく認識しているが、そのことを快く思っておらず、可能な限り北京の影響力を小さくし、安全弁としての中国の戦略的利益と、中国の支援なしでは破綻を免れないシステムへの支持に依存しようとしている。本論では、過去一〇年の中韓関係の主要な流れを論じ、米中関係の争点としての韓国に焦点を置きながら、地域関係の将来にとってのインプリケーションを引き出したいと考えている。と同時に、中韓関係が経済的・政治的領域でかかえる強みと弱みを分析し、南北関係の将来を視野に入れたときに韓国が中国に対して持っている利害について予備的結論を引き出したいと思う。

## I　中国と二つの朝鮮――朝鮮半島における中国の役割と野心

二つの朝鮮に対する中国の見方と関係は、韓国との関係正常化以来、過去一〇年間の経過の中でかなり変化してきた。中国と北朝鮮の唇歯の関係を特徴づける、首脳同士の個人的な絆は、金日成と鄧小平が舞台から姿を消したいま、もはや影響力をもつものではない。金正日と胡錦濤率いる中国の第四世代の指導部との間では、距離はますます広がっているかもしれない。韓国との関係正常化に伴い、一九九〇年代初め、北京はソウルと平壌との間で政治的相互作用のバランスをとり、等距離外交を実行していた。北朝鮮と韓国はともに、政治や公的シンボルの問題に関して同等に扱われた。たとえば、中国メディアの明らかな利用を含め、北朝鮮と韓国に関する出来事に同じ程度のスペースを割くことによって、等距離の政治的メッセージを強化しようとしてきた。中国の等距離政策は当時の中韓関係に限定的な効果しかもたらさなかった。そのことは、ソウルが北方政策（Nordpolitik）の下で当初求めていた政治的利益の多くを、北京は長期にわたって提供できなかったし、提供するつもりもなかったという点に表れている。

北朝鮮の核危機は中国の経済発展計画に必然的に影響を及ぼすことになる対決を再燃させる危険を伴うものであったため、これを契機に、中国は等距離への考慮を無視し安定を優先する政策に踏み出した。北京は北朝鮮との交渉による解決を支持し、それは最終的に、一九九四年の米朝ジュネーヴ合意枠組みとして実を結んだ。中国は自国にとって不可欠な利益にますます焦点を置くようになった。それは、朝鮮半島の現状維持に突然変更をもたらすことがないようにしながら、二つのコリア間の対決のレベルを引き下げることであった。すなわち、たとえ安定を強調することが平壌よりもソウルを選ぶことを意味したとしても、南北の統一に向けて緊張を緩和することであった。一九九六年、黄長燁朝鮮労働党書記が在北京韓国大使館に亡命を求めたとき、この問題についての中国の対応は、朝鮮半島における中国の基本的目標がどの程度等距離から安定へと移行しているのかをはっきりと示すものであった。

北朝鮮の食糧危機は、それに伴う北朝鮮から中国東北地方への難民の流入を伴ったこともあり、朝鮮半島に関する中国自身の利害がどのようなものであるかを明確にしたと思われる。第一に、中国は現在でも、北朝鮮の経済的・政治的破綻を可能な限り防止することも含め、現状維持に引き続き関心を持っている。一九九六年から一九九七年にかけて、中国は公的・私的チャンネルを通して、豊富な支援を北朝鮮におこなったが、このことは中国にとって、重要な戦略的意味を有していた。すなわち、この援助は、中国領土への難民の流入を減らし、北朝鮮の起こりうる崩壊を遅らせ、中国自身の北朝鮮内部への経済的影響力を高めるものであった。中国による北朝鮮への人道支援は、中国の対外援助予算総額の四分の一から三分の一に相当すると報じられた(1)。

第二に、中国の指導部は朝鮮半島の将来を形成する最終的なバランス・オブ・パワーはすでにソウルに移っていることを認識している。この認識は、閣僚レベルの定期的交流や相互に利益を持つ事柄についての対話の深化に見られるように、中国と韓国の指導者間の高次の結びつきが、次第に活発になってきていることに示されている。中国共産党中央委員会のメンバーのほとんどは、ソウルへの公式訪問に長い期間を費やしている。江沢民前国家主席は一九九六年、当時の大統領金泳三の賓客としてソウルで一週間を過ごし、中国の第四世代の顔である胡錦濤国家主席もまた、かつて韓国で過ごしたことがある。くわえて、国防大臣レベルの交流は一九九九年に開始され、朱鎔基前首相は二〇〇〇年一〇月、ASEMの会合でソウルを訪問している。中国の指導者は、韓国が主要な貿易大国として台頭することを可能にしたインフラを見学するために、韓国企業への私的訪問に多くの時間を割いている。

第三に、中国は自らのイニシアティブによって、朝鮮半島をめぐる国際外交により積極的な関与を深めている。こした中国の積極的関与は、朝鮮半島問題の包括的解決を追求する過程で、実際問題として、中国の見解を無視することはできないという認識に支えられている。こうした見解はとくに、ソウルで広く共有されている。こうした認識は、一つには、一九九六年から一九九七年にかけて、北朝鮮の崩壊を防いだと考えられている中国の経済的支援によって獲得されたものであった。北朝鮮が当初、中国の参加を除外したいと願っているように思えたにもかかわらず、一九九七年末以来中国は四者協議に参加し続けている。この事実は、朝鮮半島への中国の歴史的関与とその地理的近接性を反映しており、中国の四者協議を通じた貢献は、一般に肯定的なものと見なされている。実際、軍事休戦委員会を解体しようとする北朝鮮の試みに直面したとき、中国は暫定的メカニズムとして、休戦委員会を維持する必要性

▲…第二回六者協議の各国代表と会見する唐家璇中国国務委員（2004年2月26日）。
［http://www.fmprc.gov.cn/chn/ziliao/wzzt/chwtlfht/t68386.htm］

を訴えたし、地域の安全保障環境を不安定化させるような行動を北朝鮮がとった場合には、これを批判してきた。このように、国連司令部の妥当性などの問題では疑義を唱えながらも、四者協議の場で、争点の多くに対して中国がとってきた立場は、中国が朝鮮半島の安定に大きな利害と関心を持っていることを反映している。[2]

北京はワシントンと平壌を、二〇〇三年四月後半の一連の協議のために、対話のテーブルにつかせようと努力したが、それ自体、先例を打ち立てようとする中国の外交イニシアティブであった。このことは、北京の新政権が、もし本当に地域の安定を維持し、自国の目と鼻の先で第二のイラクの亡霊が出現をするのを防ぎたいのであれば、単に不干渉と平和共存という古めかしいレトリックの陰に隠れることは不可能だということを認識していることを示している。米国とイラクの軍事衝突を招いた外交の破綻は「デモンストレーション効果」を持ったと思われる。すなわち、米国の対イラク戦争は、中国にとって、北朝鮮に対する外交の失敗がもたらす帰結を避ける手段として、ワシントンと平壌の対話を実現させるさらなる動機となったのではなかろうか。確かに、北京は、日本、韓国、台湾が連鎖反応を起こし、自国の防衛のためには核兵器の所有が必要だと考えるようになる可能性があるということも含めて、北朝鮮の核計画が地域にもたらす帰結に対処する余裕はない。そのため、中国にとっての利害は大きい。三者協議を主催する決定をおこなったことは、中国が今後の朝鮮半島をめぐる問題に関して不可欠なプレーヤーであることを確固たるものとする助けとなる。

南北関係の発展あるいは北朝鮮への影響に関する中国の主要なディレンマは、北朝鮮そのものにどう対処するかである。このディレンマは、二〇〇二年末と二〇〇三年初めの第二次朝鮮半島危機に伴う緊張の拡大で目立つようになった。北朝鮮を短期的にどう扱うかについての中国での議論は、北朝鮮から結果を引き出す一方で、いかにして北朝鮮の強要的な要求を避けるかという米国の議論とよく似ている。米国と中国との間の構造的な立場の基本的な違いは、米国は北朝鮮の敵にとどまっている一方で、中国はすでに北朝鮮の友人であるということである。この議論は、朝鮮半島に対する米国の戦略的意図についての類似の議論によって、より込み入ったものとなっている。朝鮮半島に対して中国が昨今示してきた積極的な姿勢は、一つには、中国自身の正当な戦略的利害を反映しているが、もう一つは、朝鮮半島での米国の強い影響力が、平壌にまで及ぶかもしれないという点も含め、どこまで拡大するか、事と次第によっては、このことが中国の長期的な利益に悪い影響を与えるかもしれないという懸念の増大を反映している。北京はワシントンとソウルにおいて、目下平壌を取り巻く共有された利害の連鎖における非公式の結節点と見なされるようになっている。中国は、北朝鮮が核兵器開発を中止し、代わって米韓日との関与政策を追求することになるか否かを究極的に決定する鍵を握っている。

中国は一方で、戦略的緩衝物を必要としており、他方で、中国の経済発展を導き出す平和で安定した環境を必要としている。北朝鮮がジュネーヴ合意枠組みと核不拡散条約（ＮＰＴ）の桎梏から抜け出そうとするにつれて、この両者間の緊張は明らかに目立つようになっている。韓国と米国との間には北朝鮮の核兵器開発をどう管理するかをめぐって亀裂が生じているが、このことは中国の対応を複雑にしている（そして、米韓の亀裂は北朝鮮の核開発計画に対する国際政策のゆくえに関して、中国に決定的なテコを提供する可能性がある）。二〇〇二年一〇月、新義州経済特区の行政長官であった楊斌（ヤンビン）が中国当局に逮捕された。楊斌事件が提起した正当な問いとは、北朝鮮の行動に影響を及ぼすためには、さまざまな影響力のテコのうちどれを用いるのが効果的なのかという問題なのである。北京はまた、北朝鮮を同調させるための経済的テコを持っているが、このテコはこの地域におけるいかなるアクターの持っているテコよりも効果的である。しかし問題は、この経済的テコを用いた場合には、中国との国境に大量の難民が流入してきて、この地域が不安化する危険を冒すことになりかねない。中国はこのような代価を支払う気になりそうもない。

長期的には、統一された朝鮮が外交的にどの方向に向かうのかという問題は、ソウルとの緊密な関係を求めて米中間に競争を引き起こすだろう。とくに、中国は国境を接する統一朝鮮と友好的な関係を維持したいと考え、米国は駐留米軍と韓国との同盟関係を維持したいと考えるだろう。再統一後の朝鮮に米軍が引き続き駐留することは、かつて朝貢国や近隣国を勢力圏下においていた経験を持つがゆえに、台頭する中国によって、否定的に受け止められるかもしれない。

## Ⅱ　米中関係と南北関係への主要国の影響

北東アジアにおける新たな安全保障への適応過程は、その地域全ての当事国間で二股膏薬的戦略を講じる動きを伴うものである。北京とこの地域の他の諸国にとって、北朝鮮の核開発計画の急速な拡大は、いくつかの非常に困難な問題を提起し、東アジアの地域的安全保障秩序の将来の要素としての中国の役割と責任についてのディレンマを表面化させるものであった。それはまた、中国自身の経済改革が、この地域の政治および安全保障における中国の役割についての期待を変化させてきたことを浮き彫りにすることになった。中国が、この地域でより大きな安全保障上の役割と責任を担うようになれば、中国は平和共存と他国への内政不干渉原則といったレトリックを用い続けることはできなくなる。言い換えると、中国の第四世代は、自らの安全を高めると同時に、隣国からの信頼を得るようなやり方で、政治的リーダーシップの発揮に伴う責任と負担を引き受けていくことができるであろうか。中国にとって、現在の最も厄介なシナリオは疑いもなく、この数か月間の北朝鮮の行動が提起しているものである。

米国と中国はともに朝鮮半島の安定に当面の利益を共有している。そして朝鮮半島は、米中相互の戦略的利益についての対話が、明らかに必要かつ望ましい地域の一つである。同時に、朝鮮統一の方向に関する米中の長期的利益は相互に対立すると考えられる。

米中関係の争点としての朝鮮の優先順位の低さにもかかわらず、米国と中国は朝鮮半島における安定と核不拡散を維持する点で利益を共有しており、それらはまさに、朝鮮半島に関する「三つのノー」政策と呼ぶことができる。すなわち、核、戦争、北朝鮮の崩壊に対する「ノー」である。しかし、第二次北朝鮮核危機とブッシュ政権の北朝鮮に対する政策の処理の仕方は、これら三つの基本的合意点に対する試練が増大しつつあることを示している。

一九九三年から九四年にかけての北朝鮮の核危機は、とくに米国が北朝鮮にNPT脱退を思いとどまらせるよう説得するうえで、中国の助けを求めたため、朝鮮半島を米中間のアジェンダに上らせる初の機会を提供した。北朝鮮が、NPT脱退と核兵器開発計画を公然と追求し始めたことに対する対応として、米国はこのところ、中国のテコを動員しようとして、あわただしい一連の外交活動を行ってきた。このことに示されるように、中国は明らかに、北朝鮮による核兵器開発の挑戦に対処する努力におけるキー・プレーヤーである。

米中の共有する朝鮮半島政策における二つ目の「ノー」は、戦争に関する「ノー」である。米国も中国もともに、南北間の軍事対立を導く新たな軍事侵略に直面することには興味を持っていない。しかも中国は、北朝鮮の挑発にもとづく半島の対立には介入しないということを示してきた。もっとも、韓国ないしは米国を含む第三者の挑発によって引き起こされた軍事衝突のさいには、中国は北朝鮮とともに戦う条約上の義務を放棄していない点に留意しておくことは重要である。

第三に、北朝鮮難民をめぐる緊張が米中両国のレーダー・スクリーンに現れ、米国では、圧力と崩壊を伴う北朝鮮体制の交代を目指す政策への支持が拡大している。にもかかわらず、米中両国は人道支援活動を行ってきている。これら双方の行動を合わせて吟味すれば、米中いずれも、半島を不安定化させる北朝鮮の崩壊を望んでいないことが分かる。そういうことになれば、事態は北朝鮮の国境を越えて波及し、不安定が拡大するからだ。(3) しかし、北朝鮮の体制転換は米政府の公式の政策ではなく、いままでのところ、米政府が積極的にそのような政策を追求しているということを示す証拠はない。

9・11テロおよび北朝鮮を「悪の枢軸」と名指しした二〇〇一年一月のブッシュ演説以降、中国では、朝鮮半島の出来事に関する米国の処理をめぐって、不信と懸念が増大しているようだ。中国は韓国の太陽政策の諸目的に沿った北朝鮮関与政策を一貫して支持してきたからだ。(4) 少なくとも、太陽政策は北朝鮮の破綻を防ぐために中国が引き受ける財政上の負担を軽減することから、北京では歓迎されてきた。反テロリズムに関する米中協力は高まっている。ブッシュ大統領は二月の訪中時に、中国の江沢民国家主席との公式会談の席上、北朝鮮との対話に乗り出したいというブッシュ政権の意志を伝えた。公式に関与政策を呼びかけながら、他方で北朝鮮を「悪の枢軸」呼ばわりするやり方は、多くの中国専門家や韓国専門家のあいだに、米国の北朝鮮政策の意図に関して疑念を募らせている。北朝鮮問題はまた、二〇〇二年一〇月米国テキサス州で開催されたクロフォード・サミットでも議題に上った。北朝鮮がNPT脱退を表明すると、ブッシュ大統領は江沢民主席と会談したが、それは北朝鮮指導部による性急な行動を抑制するために具体的措置を北京がとることを明らかに期待してのことだった。同時に、中国の政策形成者たちが、ワシントンとソウルとのあいだに明白な政策上の隔たりが生じてきている点に関して、それが将来、米韓同盟の基礎を弱体化させるほどのものになるかもしれないと心配しているとは考えにくい。

米中両国のアナリストたちは当然のことながら、北朝鮮に対する両国の対応が、いかにして将来のアジアにおける地域安全保障秩序を形成するのかということを考えるようになった。ウィリアム・コーエン米国防長官は南北首脳会談以後も、南北統一後も朝鮮半島に米軍が駐留する必要性について繰り返し公に言及しているが、韓国の金大中大統領もその必要性を繰り返し強調している。韓国の若い世代の間では、反米主義が高まっており、米韓同盟をこの地域の安全保障構図の必然的な部分と見る人々に対する明らかな対抗勢力となっている。にもかかわらず、盧武鉉（ノムヒョン）大統領は最近、在韓米軍の駐留を確約する発言を繰り返している。米軍駐留の継続という考えは韓国エリートの間では、より支持を得ているものの、韓国の世論が明らかに示すところでは、これまでのところ、北朝鮮の脅威が消滅した後も米軍駐留が必要であることを示す説得力ある説明は現れていない。したがって、北朝鮮の脅威に対する認識が薄れると、韓国政府はいずれ重大な決定を行い、将来の安全保障の方向性をめぐって、韓国の世論を巻き込んだ、より広範な議論を起こす必要に迫られることになるだろう。そのときには、韓国国民はこの地域の全ての当事国、なかでも、中国と米国との安全保障関係について、改めて吟味する必要に迫られることになるだろう。

原則の問題として見れば、中国が米軍の朝鮮半島駐留を望んでいないのは明らかである。しかし当面は、安定力として、そして米韓両国が決めるべき問題だとして、日本と韓国での米軍駐留を不本意ながら受け入れている。タン・シーピン（Tang Shiping）は、新たな安全保障の枠組み形成に向けた議論、すなわち朝鮮の再統一に伴う「大国間協調プラス」（Great Power Concert Plus）に賛成する以下の議論を行っている。タンは次のような問いかけを行っている。再統一後の朝鮮は、米国との同盟を継続し、それに伴い、北京に不安を呼び起こすだろうか。それとも、中国の尻馬に乗り、中国の勢力圏拡大への警戒心を引き起こすのだろうか。あるいはまた、再統一された朝鮮は独力で行動し、現状よりも不確実性を生み出すのだろうか。タンの答えは、統一朝鮮の安全が近隣諸国によって保たれるところの、中立の立場に立つ統一朝鮮というものである。米国の役割を認める一方で、この方向に進むためには、いくつかの神話に挑戦する必要がある、とタンは主張する。その中には、米国は絶対必要な国であり、この地域での米国のプレゼンスは同盟を意味しなければならないという神話も含まれる。米国のプレゼンスを維持することは、米国のこの地域への関与が、その同盟システムにもっぱら依存しなければならないということを意味しない。米国は同盟と多国間主義に対して、よりバランスのとれたアプローチをとることも可能であることを意味する。[5] その他の中国人アナリストは伝統的に、地域の安定化勢力として、朝鮮半島への米軍駐留をしぶしぶ受け入れてきたが、その駐留は、南北対立が終わった後も正当化できるものではないし、維持できるものでもないと考えてきた。米韓同盟に亀裂が生じてきていることにくわえて、再統一後も朝鮮半島に引き続き米軍が駐留することに対する支持が曖昧な現状を考えると、こうした見解は韓国世論についてのしっかりとした分析にもとづいているように思える。

ワシントンは胸襟を開き、北京の指導部に対して、北朝鮮による核兵器開発の挑戦について再度、断固たる決意をもって仲介を行うよう働きかけた。しかし、現在の状況および二つのコリアに対する中国の態度は、一〇年前とは全く異なっている。当時、中国もまた、北朝鮮の核に関する冒険主義を抑制する建設的な努力を評価された。今日、中国はあらゆる点で、平壌よりもソウルとずっと近い関係にあり、ワシントンにおける韓国のかつての支持者たちよりもソウルと親しいように見える。中国は最近では、米韓同盟の非公式のサイレント・パートナーとしての立場に立ち、米韓同盟の将来の影響力と持続性を形成するうえで、かつてないほど大きなテコを獲得しつつあると思われる。中国は北朝鮮の核兵器開発を制限する努力に関与しなければならないが、ブッシュ政権は不注意にも、これを「地域的な」問題と位置づけることにより、長期的に見た場合、朝鮮半島における米国の役割を周辺化する、かつてないほど大きな機会を北京に提供したのかもしれない。それとも、ブッシュ政権は、慈悲深いヘゲモンとして、この地域の安定の確保のために米国が責任を負うのではなく、最終的には、米中両国が指導的役割を協調してはたすことを求められるような、北東アジアにおける協調的安全保障のヴィジョンを暗黙のうちに容認し支持したのであろうか。さもなくば、米国はそのグローバル・パワーに自信を持っており、自国の主張を押しつけ、自国のグローバルな目的を達成するために、長年のパートナー諸国に頼るのではなく、「有志連合」と「必然性のオーラ」に頼ることができると考えているのだろうか。舞台の袖に隠れて、朝鮮半島のドラマの次の幕を待っている国連安全保障理事会と共に、ソウル、北京、ワシントン、平壌の政策形成者たちは、CNNおよびバクダッドでの戦闘の帰結から、間違いなく以下の教訓を学びとることになるだろう。それらは、平壌との核対決の次の段階と直接かかわる教訓、並びに中国が米国と朝鮮半島の双方とどうかかわっていくかに関係してくる教訓となることだろう。

## Ⅲ　難民――ソウルと平壌の狭間にある北京に対する挑戦

南北関係の事実上の媒介者としての北京の役割と影響力を試す主要な挑戦の一つは、北朝鮮からの難民をどのように扱うのかという、現在進行中の課題である。ここ数年、中国は犯罪や窃盗で捕らえられた人々を送還する一方で、北朝鮮難民を可能な限り黙認するという、非公式の政策を採っていると考えられる。中国政府は一貫して、北朝鮮難民は基本的に経済的理由で越境し、しばしば家族のための商品やお金を持って北朝鮮に帰るまでの短期間滞在者である、と主張してきた。一九九〇年代末以来実施されてきた暗黙の方法は、中国にいる北朝鮮難民を支援し、場合によっては、第三国経由で韓国への亡命を進める韓国NGOの密かな活動を、中国が黙認することであった。しかし、これらの活動に公衆の関心が集まることは黙認されない。中国側国境付近の家族や教会は食糧、避難所、衣服を支給し、一九九九年から二〇〇〇年にかけては、延吉などの村や町で北朝鮮の「ツバメ」（コッチャビ）[6]を見かけることは珍しいことではなかった。二〇〇一年の夏、腐敗と社会的不正に対する全国キャンペーン（それは「徹底取り締まり運動」と呼ばれた）の一環として、吉林省で北朝鮮難民に対する厳重な取り締まりが実施された。北京と瀋陽にある大使館と公館を経由して逃れてきた脱北者の多くは、中国で相当な期間を過ごした人たちであるが、このキャンペーンの一環として拘束され送還され、その後北朝鮮の犯罪収容所での重労働や生命をも脅かすような処罰を避けるために、再び北朝鮮から脱出してきた。北京と瀋陽にある各国大使館を通じての亡命は非常な注目を集めたが、その後二〇〇一年と二〇〇二年には、北朝鮮難民の厳しい取り締まりが実施され、夜中に中国公安警察によって戸別の捜索も行われた。

主に中国の吉林省と遼寧省に不法滞在している北朝鮮難民の推定数は、公式見積もりでは一―三万人、非公式な見積もりでは一〇―三〇万人に及ぶと考えられている。一九〇〇年代半ば以来、北朝鮮からの亡命者の流入は、一九九九年の一四八人以上、二〇〇〇年の三一二人以上、二〇〇二年の五八三人以上と、急増している。二〇〇三年度の亡命者のペースは、二〇〇一年の割合をわずかに上回るペースであり、北朝鮮亡命者の韓国社会への適応は、ソウルで社会的緊張を生み出し始めている。中国に数か月間不法に隠れており、旅行に必要な書類を持っていなかった二人の朝鮮人家族を連れた韓国亡命者が、ソウルから中国に向かう航空便への搭乗を止められたという二月の事件を含め、亡命者の中には、家族と連絡をとり、ソウルへ連れて行くことを試みるため、中国や北朝鮮に戻った者もいる。このようなケースは、ソウルと北京との間の政府間交渉を通じて密かに処理されてきた。さらに悩みの種となっているのは、韓国市民となりその後北朝鮮に不法に戻った場合に勾留される北朝鮮からの亡命者を、韓国政府がどのように扱うかという問題である。

平壌に対して圧力をかけるという中国の努力に対して、金正日が、さらに多くの難民を流入させると脅したのではないか、という噂がある。金正日が、カストロ方式のアプローチを採り、故意に政治上の人質として難民を放つことは想像に難くない。北朝鮮難民の流入を食い止めようという中国の国内安全保障上の努力は、中国に来る可能性のある人々をさらに地下に潜伏させ、北朝鮮離散家族以外の人々を思いとどまらせてきた。中国は二〇〇二年の夏、北朝鮮難民が外国の大使館や領事館に亡命を求めて駆け込むという、世間の注目を集めた事件の後、本国送還の措置を増やし、北朝鮮難民の支援を求める韓国や日本の人道支援活動家たちを拘留した。より最近では、二〇〇三年一月、難民支援団体が韓国に向けてボートを出発させようとしたが沈没し、多くの難民と数人の難民支援活動家が拘留される結果となるという、世間の注目を集める事件が発生している。中国国境での公安の努力の拡大は、北朝鮮国境を越えることに対する効果的な抑止となったが、人道的な面からみると、非常に高いコストを払うことになった。というのは、北京が、北朝鮮からの「経済的難民」と呼ぶ人々をも拒否したことは、政治的権利よりも経済的・社会的権利により高い優先順位をおくという、中国政府の長年にわたる主張と矛盾するものだからである。

二〇〇二年後半からの、吉林省延吉への新たな北朝鮮難民の流入は、北朝鮮の国境取り締まり強化と国内の食糧事情の改善により、劇的に減少したと報じられている。一九九六年から一九九七年にかけての状態と比べて、中国北部の難民事情はかなり安定している。しかし、長期にわたって避難所を運営してきた韓国のNGOによると、彼らの保護下にある人々は、中国社会に溶け込むことも、生命の危険を冒さずに北朝鮮に戻ることもできないという。彼らにとって、現実的で真に人道的な唯一の選択肢は、韓国への亡命である。最近の出来事に照らして考えると、人道的な方法で当面の圧力を軽減するための現実的選択とは、現在中国で韓国のNGOの保護下にある長期滞在の北朝鮮難民を、合法的かつ内密にソウルへと移動させられるよう交渉することである。韓国のNGOは主要な問題で韓国の対外政策に影響を与えようと試みているが、彼らの役割は今後、韓国の対外政策への民主化の影響の一部として、増大の一途をたどることだろう。このような影響は必然的に、中国や米国を含む韓国の近隣諸国との政府レベルの関係を複雑なものにするだろう。韓国の役人にとっての難題は明らかに、韓国の国民的利益を高めるような方法で、より効果的に世論を取り込み、彼らの声を政策に反映させていくことである。

## Ⅳ　韓国の戦略的目標
## ――友人のうちどちらかを選択しなければならなくなることを避けること

韓国との対外経済関係と文化的相互補完性の認識の共有が中国で進んでいることは、米中対立のさいには、必然的に米韓政治協力を妨げることになるだろう。真の平和が朝鮮半島に達成されるまでは、米韓同盟はいまのところ、韓国では不可欠なものと認識されている。しかし、より親密な中韓関係は間接的ながら、米韓同盟に緊張を生み出す可能性がある。中国に焦点を置く韓国の安全保障の専門家は、中国の台頭は、韓国が中・長期的に直面する最も深刻な安全保障上のディレンマであると認識している。韓国の急速に成長しつつある経済的利益と、米韓同盟の要求との間のバランスをとろうとすることに内在する矛盾に直面したとき、韓国のアナリストの中には、冷戦は終結し、もはや政治、安全保障、経済関係をゼロサムの関係で見る必要はないと論じる人たちがいる。彼らは、旧ソ連との関係とは異なると結論づける。関連する利害を考慮すると、多くの韓国のアナリストは、米中対立の見通しについて否定的である。そして、韓国政府はこれらの問題に関して、何ら具体的な対策を講じていない[7]。

韓国は米中対立の拡大を避ける戦略を好み、ワシントンと北京との間の協調的関係を重視する。米中関係の断続的な対立の軌跡を考えると、中国にいかに対処するかという問題は徐々にではあるが、米韓関係に将来起こりうる相違の源泉となりつつある。同盟内の相違を最小化し、同盟関係内でのサポートを作り出すための手段として、対中政策についての外交協議と調整を強化することが大切である。韓国と中国との貿易関係が繁栄していることにより、地域の安定は米国との安全保障関係に由来するという見方は、ますます不明確なものになっている。朝鮮を、経済的相互依存が進んだ北東アジア地域の中心と見る見解、言い換えると同盟を、歴史的に朝鮮半島を取り囲んできた、大国間の長年にわたる対立を抑制するための砦としてではなく、協調的安全保障を妨げるものだとする見方は、韓国の新政権の主要な目標となるであろう。現在の環境下では、韓国は強いられれば、米国との関係を選ぶだろう。しかし中国は、韓国の経済発展の見通しが自国の国内経済の拡大と深く結びついているため、新たな経済的影響力を拡大させている。それゆえ、韓国の自由化の継続、韓国製品にとっての市場並びに韓国市場への投資家としての米国の強力な経済的プレゼンス、およびこの地域の経済と安全保障の安定の保証者としての米国のプレゼンスは、もし韓国の進む方向性と価値共有の感覚が米国と強く結びついているのであれば、中国に対する感情的親近感にもかかわらず、米韓関係にとってますます不可欠の支柱となるであろう。

米韓同盟を維持しようとするのであれば、米国の目標は、韓国にとってより信頼でき、より親密なパートナーは誰かという点に関して、疑問の余地がないような方法で同盟関係を運営していくことである。このことは、この地域における米国の政策形成の一部として、韓国の安全保障上の利益と世論をもっと考慮に入れることを意味している。韓国政府は明らかに、対外政策において、より大きな役割を開拓することを求めている。それは、協調を導き、中国や日本をもはや敵とはみなさない、ある種の地域的リーダーシップである。韓国を、冷戦の最後の前哨基地としてではなく、朝鮮半島で再び深刻な軍事衝突が勃発するのを防止するような、しかも繁栄・発展・経済的相互依存をもたらす地域交流の拠点として見る。こうした見方は、金大中大統領によって始められた、考え方の大転換である。それは楽観的なヴィジョンである。くわえて、北朝鮮が、そのような見方に伴う論理を真面目に受け止める兆候をいまだ明確に示していないなか、それは北からの巨大な挑戦に直面することになるだろう。しかし、かりに中国が、新たな中華帝国として、近隣諸国に朝貢を要求する方向に向かうのではなく、平和のうちに、貿易のパートナーと投資家を引きつける経済市場として、その大きさを利用し、経済的活気のある民主主義国家に発展するとしたら、それは現実的な見方となるかもしれない。

中国と韓国との間の経済的関係が発展するにつれて、米中間で起こりうる緊張や対立の具体的コストは厄介なものとなりつつある。韓国は地域を分裂させるような対立を回避することに利益を見い出している。そのような意味での利益は、中国と韓国の民間セクター間の経済関係の進展とともに増大し続けるだろう。韓国の民間セクターは緊張や対立の際には、米国の政治的要求に同調するため、具体的な経済的利益をあきらめることを余儀なくされるだろう。北京とソウルの対立や不和の際には、中国か米国かどちらかを選択することを強いられることは、あらゆるコストを払ってでも避けるべき最悪のシナリオに入ると考えられるようになってきている。韓国にとっての第一の目的は、最終的には朝鮮の統一へと導く、安定した漸進的プロセスを確実にするような方法で、北京との政治的・経済的関係と戦略的影響力を高めながら、同時に北京とワシントンとの間の板挟みになることを避けることである。

韓国の専門家の間では、ソウルが、内的バランサー、すなわち緊張が高まっているときに、状況が手に負えなくならないように、静かに、ワシントンと北京との間の困難なイッシューを調停する役割を果たす、という考えが好まれている。しかし、そのような役割を効果的に追求するには、韓国指導部が最も避けたがるような困難な選択を、正確に行う必要がある。この考えは、米国がその影響力を行使する際の課題と目標は外的バランスを提供することである、ということを前提としている。しかし、米国と中国との間で対立が拡大した場合、維持すべきバランスはなくなってしまうことになる。

米中関係が悪化したときの対応を考えるにあたって、韓国の対外政策のもう一つの目標として、その中核となる対外政策目標を、その悪化の最も否定的な影響から遮断することを追求する、ということが考えられる。たとえば、南北間の緊張を削減するためには良好な米中関係が必要であるという、広く受け入れられている仮説がある。この仮説に従えば、どのようにして大国間関係を南北関係から引き離すのかという疑問が生じる。ワシントンと北京との関係に引き続き困難が生じると仮定した場合には、なおさらそうである。冷戦中であれば、そのような役目は考えられる話ではなかった。朝鮮が歴史的・地理的に、発火点ないしは大国の対立の渦の中心として位置していたことからも、そのような役目を果たすことは並大抵のことではないと予想される。

経済成長の面で対外貿易に大きく依存している韓国にとって、孤立あるいは隠者王国スタイルの孤立は考えられない。むしろ、将来の韓国にとっての対外面での難題は、ワシントン、北京それぞれとの関係に取り返しのつかないダメージを与えることなく、対立の可能性を抑えるために、その経済・外交上の影響力を効果的に利用することであろう。同時に、北東アジアの安全保障環境へのソウルの影響力は、少なくとも当面は、その中立性にではなく、ワシントンとソウルが同盟を効果的に運用し続ける能力にある。もし米韓関係が十分安定しており、ソウルが同盟を維持することに最も重要な利益を有し続けるなら、米国の利益が脅かされることはなく、中韓経済関係の継続的な進展によってむしろ高められうるのである。

［註］

（1）一九九九年三月の北京における筆者インタビュー、およびCSISパシフィック・フォーラム会議「中国と米国：地域安全保障の長期的ヴィジョン」（二〇〇〇年四月一九日から二一日）での会話による。

（2）同上、CSISパシフィック・フォーラム会議「中国と米国」での議論による。

（3）James Dao, "U. S. Is Urged to Promote Flow of Refugees from North Korea", *The New York Times*, December 11, 2002.

（4）二〇〇二年三月、北京を本拠とするアナリストと筆者との会話による。

（5）タン・シーピン「東アジアにおける中国と朝鮮――集合的行動の可能性？」二〇〇二年八月二三―二四日（韓国、ソウル）、朝鮮協会国際学会「21世紀における中国と朝鮮」報告ペーパー、一二―一四頁。

（6）コッチャビ（KKotchaebi）とは、住み家もなく家族や両親の保護もない状況に置かれた北朝鮮のストリート・チルドレンのことである。空腹のため食べ物などを素早い動作で掠め取ったりすることから「ツバメ」と称される。

（7）二〇〇一年一一月の筆者による韓国人専門家へのインタビューによる。

（付記）本論文で表明されている見解は筆者個人のものであり、必ずしもアジア基金（Asia Foundation）の見解を示すものではない。コメントおよび質問は、ssnyder@tafko.or.krまで。

# 第4章 南北朝鮮関係とロシア

文首彦
*Moon Soo-Eon*

## はじめに

プーチン・ロシア大統領は、就任して二か月余りの二〇〇〇年七月に電撃的に平壌を訪問した。旧ソ連期から現在のロシアに至るまで権力の第一人者が北朝鮮を訪問するのはごく希な出来事である。前任のエリツィンやゴルバチョフは韓国のみ訪問しているし、ブレジネフもその政権一八年の間、一度も北朝鮮を訪問したことがなかった。平壌市街を埋めた数十万の市民たちからプーチンが熱狂的な歓迎を受けたわけである。

それでは、なぜ北朝鮮とロシアは緊密な友好関係を誇示するようになったのか。プーチンが乗った飛行機は朝鮮半島上空に形成された異常気流のため、予定の時間より三〇分も遅れて平壌の順安飛行場に到着したとされる。プーチンの北朝鮮への接近は果たして朝鮮半島上空の乱気流を掻き分け、この地域の平和と安定をより確かなものにする一つの補完的な勢力の浮上を意味するものなのだろうか。

## I　ロシアの対朝鮮半島政策

ロシアは国内の安定と経済成長のために、米国およびヨーロッパ諸国との協力を重視する外交政策を実施してきた。その一方で、自国をユーラシア国家と規定し、ユーラシア地域諸国との団結と協力をも模索している。プーチン大統領は、「強大国」ロシアの国際政治的な影響力を回復するためには、経済成長と安定がその前提であることをよく認識しているのである。

よくプーチンの外交政策は「強大国」ロシアを実現するための実用的な全方位外交であるといわれる。特に東アジアにおいてロシアが国益上もっとも関心を持っているのは、その安全保障である。すなわち、中国、日本などロシアの東部と国境を接している国々の潜在的脅威に対処し、この東部国境地域の安全保障と領土的な統一性を確保するところにその目的がある。そのなかには、将来にこの地域で発生するかもしれない軍事的脅威に備える他にも、極東およびシベリア地域の分離主義的傾向の鎮圧、中国からの不法移民の遮断、朝鮮半島の非核地帯化を維持することなどが含まれる。一方、二つ目に、ロシアは東アジア地域諸国との協力を強化しながら、極東ならびにシベリア地域の開発を促進し、経済を発展させるという経済的利益をも持っている。それには、外資の誘致や自由経済地帯の創設を積極的に行い、極東とシベリアの遅れた産業を開発し、この地域をアジア・太平洋諸国との統合的な経済体制へと発展させることが考えられている。さらに三つ目は、ロシアは東アジアで北朝鮮およびモンゴル、ベトナムなど、旧同盟諸国との関係を復元すると同時に、朝鮮半島の平和定着に寄与することによって、その地政学的な位相を強化しようとする、政治・戦略的利益を持っている。それは、北朝鮮との関係を強化しながら、朝鮮半島における米国の主導力を牽制し、韓国と北朝鮮の間で均衡的な外交を行うことによって自らの影響力を回復させる狙いからである。(1)

なかでも、シベリアおよび極東はロシアの未来がかかっている地域であると考えられている。ロシアはこの地域を開発し二一世紀の新しい強大国へと発展していくことを目指している。しかし、ソ連の崩壊以来、去る一〇年間、この地域の経済成長は円滑に進まず、むしろ人口が減少するなど、経済・社会的状態は悪化する一方である。(2) 結局、ロシアはこの地域の開発はアジア・太平洋諸国との経済的な統合過程と結びつけることによって可能であると考えるようになり、朝鮮半島はその牽引役を務めることができると期待している。したがって、ロシアの未来がかかっている極東およびシベリア地域を成功裏に開発するためには、朝鮮半島の平和が必須の条件であり、南北朝鮮の和解と協力関係を増やし、さらにはこの両国とともに、この地域の開発に取り組むことが求められている。

プーチン大統領は、朝鮮半島に対して、活発な外交的接触を展開している。プーチンは執権後初めて迎えた夏に北朝鮮を訪問し(二〇〇〇年七月)、翌年一二月には韓国を訪問した。さらに、金正日総書記との間には毎年夏、ほぼ定期的に首脳会談を持つなど、北朝鮮との関係を以前にも増して緊密なものにしている。これは、前述したように、ロシアと国境を接している地域で影響力を確保しようとするプーチン大統領の意思をよく反映している。さらに、北朝鮮に対する債権国として、そして従来、北朝鮮の社会間接資本と産業に投資してきた投資国として、この国に対する経済的利益を復元するという目的もある。

特に、二〇〇二年八月のプーチン・金正日首脳会談において、今後一層の経済協力を拡大していくことが合意された。しかし、両国間の経済協力は未だ爆発的な増加を見せているとはいえない[3]。約七〇億ドル程度であると見られる北朝鮮のロシアに対する債務や輸出脆弱性が両国の交易拡大の足かせになっているのである。したがって、より実質的に経済協力を拡大するためにも、北朝鮮の経済改革が先行する必要がある、とロシアの専門家たちは指摘している。しかし、従来、北朝鮮の軍事は基本的にはロシア製兵器を採用しているにもかかわらず、消耗品の調達や兵器の近代化が遅れている点からみると、今後軍事的協力が活発に行われる可能性がある[4]。

一方、韓国とロシアの関係も緊密化している。互いの経済関係は、それほど目立った動きは見受けられないが、両国の為替危機以来後退した二、三年を除けば、一貫して発展しているといえる[5]。韓ロ関係の初期段階において、両国の思惑は大きくずれていた。すなわち、韓国側はロシアの北朝鮮に対する影響力を過大評価し、他方で、ロシアは韓国との経済協力の可能性を高く評価していたのであり、このような期待に対して、その実績が乏しいことに対する失望感が一時期両国の間に広がった。しかし、最近の韓ロ貿易取引は毎年一〇%以上の増加を記録しており[6]、朝鮮半島におけるロシアの役割が一層重要視され、政治的な関係も緊密化している。このような紆余曲折を経ながら、韓国とロシアはより客観的に互いを見つめることができるようになった。

ロシアの外務次官ロシュコフ（Loshukov）は、プーチンの執権以来、より積極化した対朝鮮半島政策を、「南北両国との間に均衡的な関係を維持し域内平和と安定を支援しながら、南北朝鮮関係の正常化を導き出すように和解を手助け」るもの、と規定している。さらに、ロシュコフはロシアが朝鮮半島において最優先的に考えるのは、従来と同じように平和と安定であるとしながらも、今後は、よりいっそう「紛争予防過程への参加や南北両側とのパートナー関係の樹立を図ると同時に、この地域の軍事、政治、経済などあらゆる分野において発生する諸問題を解決する過程で、他の大国と同じように参加していくなどの目標が付け加えられた」とし、ロシアが南北関係において、より積極的な役割を担うことを示唆した。(7)

ところで、ロシアと北朝鮮、そしてロシアと韓国の関係がより緊密になっているなか、ロシアと北朝鮮、米国、日本との関係は相変わらず硬直している。現在では、中国とロシアのみが、南北間の関係改善を促し、その安定化に寄与できる国々であると考えざるを得ない。特にロシアは、北朝鮮に対する先端兵器の供給源であるのみならず、旧ソ連期にこの国に建設した七十余りの産業施設に対して、その現代化作業を進めることが期待できるのであり、北朝鮮が絶対的に必要とするエネルギー資源を供給できるという面から、南北間をつなぐ三角関係を形成できる好条件を持っている。

このように見ると、ロシアは朝鮮半島の北と南の間の交流を促進し、関係改善を支援できる特殊な位置にあるといえる。それは、第一に、ロシアは政治・外交的に南北関係を仲裁し、朝鮮半島の危機状況において、その緊張を解消するための仲裁役割を果たしうるからである。第二に、ロシアは南北間をつなぐ三角経済協力を形成できる特殊な立場にもあるからである。

ロシアの多くの専門家たちは、朝鮮半島の安定と平和のために自国が相当の役割を果すことができると自負してやまない。[8]

## Ⅱ　朝鮮半島の仲裁者としてのロシア

二〇〇二年八月に行われたプーチン大統領と金正日総書記との首脳会談が、韓国と北朝鮮間の「経済協力推進委員会」が開催（九月一七日）される直前に成立したという事実は、今後北朝鮮が経済改革など国内はもちろん対外政策を推進する上でも、ロシアと緊密に協力していくだろうということを示唆している。この会談において、プーチン大統領はシベリア鉄道と朝鮮半島鉄道の連結問題とともに、日本人拉致問題の重要性に言及し、金正日総書記に日本との対話を促したと報じられている。[9] このように、朝ロ間の首脳会談が毎年定期的に開催されることによって、朝鮮半島および南北問題に対するロシアの発言力が強化されることは必至である。[10] 実際にロシアは現在、南北間の交流増進と緊張緩和のために、多方面に及んで積極的な試みを行っている。

ロシア側の報道によると、二〇〇二年六月末に朝鮮半島の西海岸（黄海）で行われた交戦以後の一時期、その関係を硬直させた南北が再び対話を持つようになったのは、ロシアの仲裁によるところが大きかったとされる。北朝鮮は西海岸交戦の一か月後に、韓国側に対して遺憾の意を示した電話通知文を送ったが、それはイゴル・イワノフ（Igor Ivanov）ロシア外務長官がソウルを訪問する直前のことであり、同長官はその直後に北朝鮮を訪問した。これによって南北対話は再開され、この会談で京義線と京元線の鉄道および道路連結を実現するために、二〇〇二年八月下旬、第八次長官級会談を行うことが約束された。当時、南北対話の復元は、韓国縦断鉄道（TKR）とシベリア横断鉄道（TSR）の連結を進めるロシアの外交的産物であったといわれている。[11]

さらに、ロシアは一九九八年にテポドン1号ミサイル試験発射を契機に高まった国際的緊張を打開するのにおいても積極的な役割を果たした。プーチン大統領は二〇〇〇年二月に北朝鮮を訪問した際に、ミサイル計画を断念した場合には、年に二―三個の平和目的用のミサイルを無償で支援できることを提案したことがある。さらに、もし他の国がミサイルを提供してくれるのなら、北朝鮮はミサイル・プログラムを中断する用意があるという条件つき約束を金正日から取り付けた。このように、プーチンは北朝鮮が誘発した緊張を緩和するうえで、朝鮮半島において平和的仲裁者の役割を誇示している。特に、二〇〇二年一〇月中旬、北朝鮮が米国のケリー国務次官補に対してウラン濃縮を通した核兵器開発プログラムを進めていることを認めたことが報じられるにつれ再燃した「核危機」を解消するためにも、ロシアはこの間、積極的な仲裁活動を展開してきた。

### （1）北朝鮮の核危機とロシア

今回の核危機は、一九九三年に北朝鮮が国際原子力機関（IAEA）の査察を拒否したことによって高まった緊張が、翌年一〇月の「ジュネーヴ合意枠組み」によっていったんは封じられて以来二回目である。しかし、今度の危機に対処するロシアの立場とその方案は、一〇年前のそれとはいくつかの側面で対照的である。

北朝鮮の核兵器開発疑惑は一九九〇年代初頭から継続的に提起されてきたが、対立が表面化したのは一九九三年三月、ＩＡＥＡの寧辺地域に対する「特別査察」要求を北朝鮮側が拒み、核不拡散条約（ＮＰＴ）脱退を宣言したことによるもので、以後、朝鮮半島において緊張が一気に高まった。こうして、北朝鮮側が引き起こした核危機は、西欧との協力関係を強調し周辺諸国との平和と安定を追求しながら経済発展に専念したいと考えていたロシアからみれば、一つの脅威として認識されるようになった。したがって、ロシアは北朝鮮のＩＡＥＡ査察受け入れとＮＰＴ復帰のため、米国および西側諸国との協力を惜しまなかった。具体的には、一九九三年一月クナゼ外務次官を北朝鮮に派遣し寧辺地域の核査察受け入れを促したのみならず、同年六月外務長官コジレフは、「ロシアは北朝鮮がＮＰＴ脱退宣言を撤回するようあらゆる手段を模索している」とし、ロシアの強力な意思をアピールした[12]。当時、ロシアは西側と積極的に協調することによって、北朝鮮に対して全方位的なプレッシャーを加えたのである。

しかし、一九九三年上半期から北朝鮮とＩＡＥＡ間の話し合いは次第に米朝間の交渉へと移行していった。結局、北朝鮮の核問題解決と朝鮮半島の安定のためにロシアが提起した八者会談（ロシアを含めた朝鮮半島の周辺四大国と南北、ＵＮおよびＩＡＥＡ）は拒否され、ロシアは米朝間の交渉をしぶしぶ見守るしかない立場に追いやられてしまった。さらに、ロシアは唯一北朝鮮に対する原子力発電所建設支援の経験を持っていたにもかかわらず、新たな原子力発電所建設のために設立された朝鮮半島エネルギー開発機構（ＫＥＤＯ）への参加を阻まれた。これは、ロシアにとって、外交的敗北であったのみならず、経済的にも衝撃的な損失と受け取められた。

このような事態の展開は、当時の朝鮮半島と北東アジアにおいて失墜したロシアの地位をそのまま示していた。旧ソ連時代にロシアは北朝鮮の同盟国として緊密な関係を維持してきた。しかし、ロシアはいまや、地域強大国としての地位も危ぶまれ、朝鮮半島問題において意味のあるアクターとしての参加を阻まれたのである。[13] これを契機にロシアは、北朝鮮の核問題において、親西側・親韓国という姿勢をとったことが朝鮮半島における自らの影響力を縮小させてしまったという結論に達した。このような衝撃的な経験は、当時のロシア外交の保守化傾向と相まって、朝鮮半島における南北等距離外交政策の形成を促し、北朝鮮の立場をある程度支持しながら、この地域の問題に関して、米国と韓国に対する発言権を強化していくという戦略をロシアにとらせることになった。

ロシアの立場の変化は、二〇〇二年一〇月北朝鮮が核兵器開発計画を維持していることを認めたことによって生じた新しい「核危機」に対するその対応により明確に現れている。この問題が発生する以前から、ロシアは、米国が北朝鮮を「ならず者」国家あるいは「悪の枢軸」と名指しで非難し強硬姿勢を取っていることが、同国を孤立させ南北間対話を断絶させる結果を引き起こす、との懸念を表明してきた。ロシアは、米国の対北朝鮮政策は朝鮮半島の平和と安定にとっての妨害要素である、と指摘してきた。北朝鮮の核問題が浮上するその初めの段階において、ロシアは、米国が提供した情報は不十分で、独自に関連情報を検討した後自らの結論を出したいという慎重な姿勢をとってきた。一方、ロシアは北朝鮮に対しても、核兵器開発疑惑に関するその解明が不十分であるとし、批判的な立場を示すことを忘れなかった。

その後、ロシアは一方で、北朝鮮が米国との不可侵条約締結を求めＩＡＥＡの監視活動を拒否し、結局二〇〇三年一月に再びＮＰＴ脱退を宣言したことを強く非難しながらも、[14] 他方で、このような核問題の根底には米国の責任が大きいことを絶えず指摘してきた。ロシュコフ次官は、米国が北朝鮮に対して武力使用の意志がないとしながら、他方において、「悪の枢軸」と規定し変化を強要しているのを見ると、米国に対して同国が抱いている脅威も分かるとして、北朝鮮側への理解を示した。すなわち、米国を信頼できない状況で深刻な脅威を感じている北朝鮮が、より確固たる安全保障を要求するのはむしろ理に適っているというのである。[15] このように、核危機の解決のためには、北朝鮮が抱いている脅威により配慮すべきであるというのがロシアの立場である。

さらに、ロシアは北朝鮮がすでに核兵器を生産したかあるいは今すぐにでも生産できるという観測に対して、「北朝鮮の見栄も考慮に入れて判断すべき」であるとの留保的な立場をとっている。[16] ロシアは、今の北朝鮮は核兵器を作る能力は持ち得ていないと考えており、同国の核問題は実はそれほど緊急な問題ではないと認識しているのである。

したがって、保守的な性向を持つロシアの研究者たちは、米国の北朝鮮に対する強硬政策は朝鮮半島に対するその主導権固めであると理解している。極端な場合、北朝鮮の核危機は米国の必要によって意図的に作られたものであるとの主張も提起されている。ロシアは朝鮮半島に対する米国の主導的な影響力の行使には反旗を翻しているのである。

事実、ロシアは北朝鮮の核兵器生産に対して、米国に勝るとも劣らないほどに強力に反対している。国境を共有している北朝鮮が核兵器を生産するようなことになると、朝鮮半島周辺で緊張が高まるのみならず、韓国や日本も核武装すべきであるとの議論が起こるのは必至で、このような状況はロシアにとって許しがたい安保的な脅威であると考えているのである。このように、北朝鮮はＩＡＥＡの査察を受入れNPT体制にも復帰すべきであると主張している点において、ロシアは西側諸国と同じ姿勢をとっている。朝鮮半島の非核化の維持というその基本的な立場は、二〇〇三年一月初めに小泉首相のモスクワ訪問の際に発表されたプーチン・小泉共同宣言においても明確に反映されている。[17]

このようにロシアは、北朝鮮の核兵器開発に反対する姿勢を崩さないながらも、核危機解決のために米国と協調して同国に圧力を加える必要があるとする議論には否定的な立場を示すことによって、北朝鮮の擁護者としての自らの立場を維持しようとする両面的な政策を展開している。ロシュコフ次官は、「北朝鮮との緊密な関係を利用して、核問題において同国に圧力を行使する意思はない」としながら、「北朝鮮との関係を大事に思っており、このような関係を合理的に維持」していくことを主張した。[18]ロシアは、「強制的な圧力ではない、対話を通した環境醸成の必要性」を繰り返し強調し、国連安保理を通した制裁ではなく、米朝間の平和的な交渉を通じて危機を解消すべきであると主張している。[19]

一方、ロシアは南北双方と緊密な関係を維持している、G8国家であるという自らの立場を強調し、今回の核危機の解決において積極的な役割が果たせることを主張している。現在、北朝鮮は米国との間の不可侵条約締結を求めることによって、自国の体制保証を図っている。しかし、米国がそれに応じないことが明白な現状において、如何にして北朝鮮の体制を保証すべきかが核心的な事案である。[20]ロシアは、「米国はいったん中断した対北朝鮮の重油供給を再開し、北朝鮮も核凍結のプロセスを再度受け入れるべき」というゼロ・オプションを提示したことがある。一九九四年のジュネーヴ合意枠組みにもう一度戻って、核危機の糸口を解きながら究極的な解決のために双務的あるいは多国間交渉を進めるべきであるというのである。[21]二〇〇三年一月下旬にロシュコフ次官が北朝鮮を訪問した際に、金正日総書記との会談において提示した一括妥結案は、こうしたゼロ・オプションを一段階進展させたものである。その具体的内容は、①北朝鮮の核凍結、②米国の北朝鮮に対する体制保証、③北朝鮮に対する経済的援助、の三項目で構成されており、これをまとめて合意しようというものであった。(22) ロシュコフをはじめロシア特使らは、北朝鮮の核問題が生じて以来、この問題について北朝鮮を訪ねた使節団の中で金正日総書記と面談した最初の使節団であった。(23) さらに、金総書記はロシュコフ一行と六時間に及ぶ会談を持ったなかで、プーチンの親書を受取ったのみならず、核問題と関連したあらゆる懸案について話し合いを行ったものと報じられている。(24)

このように、ロシアはしばらくの間、北朝鮮の核問題を解決するための国際的努力の中心にあるように見えた。しかし、実際に北朝鮮を対話の場に引っ張ってきたのは、ロシアではなく中国であった。中国は北朝鮮及び米国とともに、二〇〇三年四月に北京で三者協議を成立させて、実質的な仲裁者の役割を果したことがある。(25) その後、二〇〇三年五月中旬、盧武鉉大統領の訪米による韓米首脳会談の後、韓国と米国及び日本が参加する北朝鮮の核問題解決のための共助体制が復元され、再稼働されることによって、次の会談は韓国と日本を加えた五者協議になろうという展望がしばらくの間なされた。(26) もし五者協議が開催されるならば、朝鮮半島関連の当事者及び強大国の中で、ロシアのみが排除されることになる。この場合ロシアが耐え忍ぶ衝撃は、韓国と日本及びロシアが共に排除された三者協議の場合とは比較にならないぐらい大きくならざるを得なかった。しかし、このような協議計画は二〇〇三年七月頃に進められた一連の裏側の交渉を通して覆され、(27) 七月三〇日、ロシア外交部はロシアも参加する北朝鮮の核問題解決のための六者協議が北京で開催されると発表した。

ロシアがこの会談に参加する最終列車に乗れるようになったのは、北朝鮮側の要請に応じた結果であるように思われる。韓国と日本が米国の立場に同調せざるを得なく、中国もやはり、北朝鮮の核問題のため米国との衝突を恐れるという現実に直面した北朝鮮が、万が一の場合、頼れる相手としてロシアの参加を要請したとされる。このような状況の進展は、しばらくの間に、ロシアが北朝鮮との関係を改善し、また北朝鮮の核問題を解決するために、中立的な立場に立って積極的に仲裁しようとした外交的努力の成果であると評価することができる。

北朝鮮との対決を避けながら平和的な対話を行うことによって、朝鮮半島の問題を解決すべきであるというロシアの姿勢は、大体において、韓国国内の世論とも一致するところがある。韓国の人々は極端な形の核危機の解決可能性について懸念しており、米国の強硬な保守主義者たちの対北朝鮮対決政策よりは、より柔軟な態度をとっているロシアに拍手を送っているのである。さらに、米国に対してより独自的な主張の展開を試みる盧武鉉政権の誕生によって、朝鮮半島の平和と安定および南北関係を増進しようとする仲裁者としてのロシアの役割がより強調される可能性がある。こうしてロシアは、南北間の緊張を緩和し、協力を増進させうる仲裁者としての役割を強調することによって、朝鮮半島におけるその影響力を強化しようと試みている。

### （2） 多国間主義的アプローチ

朝鮮半島において米国の行使する独占的な影響力を減少させ、自国の役割を増大するための一つの方案としてロシアが継続的に提案しているのが、この地域に対する多国主義的アプローチである。もし北朝鮮と日本との間に国交が正常化すれば、朝鮮半島問題に対する日本の参加がより活発になり、周辺の四大国と南北が参加する六者協議の成果がより一層期待できる、というのがロシア側の抱いている展望である。ロシアが北朝鮮と日本との国交正常化において、仲裁者の役割を演じているのもこのような立場から理解できる。[28]

一九九三年、米国の提案によって、北東アジア六か国の専門家たちの協議体として半官半民の性格を帯びる北東アジア協力対話（NEACD: Northeast Asia Cooperation Dialogue）が成立した。ロシアは第一回目の会議から積極的に加わる一方で、北朝鮮にもその参加を勧告してきた。北朝鮮は同年七月からこの会議の準備過程に参加していたが、米国や日本との関係改善にそれほどの進展がないとの理由で参加を拒んできた。しかし、二〇〇二年一〇月にロシアで開かれた第一三回会議に北朝鮮が参加したことによって、この対話はより活発化すると予想される。ロシアはこの会議を漸進的に六か国政府間の協議体へと発展させようと努力してきた。[29]

ロシアは、朝鮮半島の平和と安定のためには多国間の安保協力体制を形成し、北朝鮮に対して体制維持を保証する代わりに、その軍事政策の透明性と予測可能性を確保することが重要であると主張している。特に東アジアの多国間安保協力体制を一貫して強調し、なかでも、六者協議を通して、南北と周辺四大国がすべて参加する朝鮮半島安保協力体制の形成にもっとも積極的な関心を示している。このようなロシアの政策は、米国が主導的な影響力を行使している朝鮮半島および北東アジア地域において、他の強大国との対決を避けながら、ロシアの影響力を増大させていこうとするその基本的立場から導き出されたものといいえる。

さらに、ロシアは究極的には、この地域の労働力や天然資源および金融、そして経済開発の経験などを活用し、一つの経済圏を創設することを図っている。こうして、ロシアは北東アジア地域諸国間の政治、安保および経済協力を活発化することによって、朝鮮半島問題を解決し信頼構築と地域発展をもたらすことが可能であると強調する。

## Ⅲ　三角経済協力

ロシアは北東アジア地域協力体の構図の中に北朝鮮を取り込むことによって、南北関係を改善し安定化させると主張しており、韓国も原則的には、このような姿勢に同意し、ロシアの役割に期待している。すでに、ロシアの極東地方には、北朝鮮側から派遣された労働者たちが働いており、これを通して、両国の間に経済協力がいっそう進んでいる。現在、北朝鮮からの労働者約一万二〇〇〇名余りがこの周辺で働いており、その規模は次第に増加すると予想される。(30) 金正日総書記も二〇〇二年八月、当地を旅行しながら、多様な協力事業について意見を交わしたと報じられており、なかでも有望とされる協力分野は伐木、電力、製油、鉱山業、漁業などである。

ロシアと北朝鮮、そして韓国との間には、三角協力を可能とする積極的な利害関係が存在する。ロシアはシベリアと極東地方の豊富なエネルギー、森林、および漁業資源を開発するために外国資本の投資を切実に求めている。三角協力を通した極東およびシベリアの開発は、ロシア全体の新しい活力源になると期待されており、これに基づいて、北東アジアおよびアジア・太平洋地域の経済統合がより促進されると主張している。

一方、北朝鮮はソ連の援助下で建設した工場の現代化に取り組むという課題を抱えており、深刻な電力供給問題の解決や老朽した運送設備の改善など、ロシアと韓国からの支援を必要としている部分が大いに存在する。北朝鮮は三角協力に参加することによって導入される技術と資本を通して、経済を再建し、海外市場への進出を模索することができる。

韓国は三角協力を通して、北朝鮮との交流を促進しながら、ロシアの資源と高水準の技術の導入、および北朝鮮の廉価で熟練した労働力の利用が可能になる。さらに、長らく北朝鮮との間で経済協力を行ってきたロシアの経験を活用し、同国の産業特性に関する知識を活用することが期待できる。韓国はロシアに北朝鮮とのより安定的な関係構築のための保証者の役割を期待している。さらに、北朝鮮との経済協力を増大させながら南北間経済統合を進め、三角協力を通して、アジア・太平洋地域経済統合における韓国の役割を増大させるという利点も存在する。[31]

しかし、北朝鮮の市場経済改革および開放意思は未だ弱く、南北間の不信が解消されないままの三角協力の実現は難しい。相互の負債問題も絡んでおり、三国間の経済的関心事を調整できる共通のメカニズムがないため、実際的な協力はなかなか進んでいない状況である。しかし、二〇〇二年八月の朝ロ首脳会談において、シベリア鉄道（ＴＳＲ）—朝鮮半島縦断鉄道（ＴＫＲ）連結事業およびその他の分野での経済協力を拡大させることに関して協議が行われ、両国間の経済および科学技術分野における協力がいっそう活発になるとみられる。

ロシアと南北間の三角協力の推進と関連して現在もっとも活発に行われている議論は、①ナホツカ工業団地の開発、②イルクーツク天然ガス事業、③TSRとTKRの連結事業、④北朝鮮の産業および基盤設備の現代化作業、などである。

## （1）ナホツカ工業団地の開発

ナホツカ工業団地の開発は一九九二年一一月の韓ロ首脳会談において合意され、一九九九年金大中大統領のロシア訪問と二〇〇一年プーチン大統領の韓国訪問の際に再確認された。こうして、ナホツカ自由経済地帯内に韓ロ工業団地が位置することになり、当初の計画は第一段階において三〇万坪を、そして二段階に七〇万坪を建設し、一〇〇―一五〇余りの企業を誘致するという巨大なものであった。しかし、その後計画が進む過程で、その規模はより現実的に縮小・調整された。二〇〇一年二月のプーチン大統領のソウル訪問の際に確定したことによると、第一段階にボストニチ近郊にモデル・ケースとして六万坪（二〇ヘクタール）規模の工業団地を六年の間に建設するという。ナホツカ自由経済地帯はシベリア横断鉄道とつながっており、その港は二十余りの埠頭を備えた商業港と原油港を持っているなど、基本的与件は大変良好であるといえる。(32)

一方、この工業団地の開発は韓国と北朝鮮、ロシアの三角協力を進めるうえでも、北東アジア経済圏を形成する一つの軸として強調されている。韓国側にとって、ナホツカはロシアの極東およびシベリアへと進出するための関門であり、国内産業のロシア進出のための拠点確保という側面からもその開発は魅力的である。旧ソ連崩壊後ますます増加している、中央アジア地域から沿海州への移住を希望する朝鮮族住民の雇用の保障という政策的必要性からもこの工業団地の建設が主張される。さらに、ナホツカの韓ロ工業団地を北朝鮮の羅津―先鋒自由経済地域と連携する形で開発すれば、三角協力を通した経済的、政治的シナジー効果が得られるという議論もある。[33] この工業団地はロシアの基礎科学技術を利用し、極東地域の資源と労働力を活用できるあらゆる業種、なかでも木材、鉱物、水産物加工関連事業の競争力を強化できると期待されている。

しかし、その発展の可能性が叫ばれるのとは対照的に、工業団地の実質的な作業はほとんど進んでいない。一九九九年五月、金大中大統領がロシアを訪問した際に、両国間でナホツカ工業団地開発のための了解覚書が交わされた。しかし、同年韓国の国会でこの覚書に対する批准が得られたにもかかわらず、ロシア側においては未だ手付かずの状態である。[34] さらに、ロシアは自由経済地域内での企業活動を促すための各種法規がまだ整っていないという問題も残っている。このように法的、制度的整備が遅れている理由の一つに、各種税金の徴収問題をめぐる連邦政府と地方の間の葛藤が指摘されているが、ほかにも国内の様々な理由によって、この事業は足踏み状態を続けている。

### （2）イルクーツク・ガス田の探査、開発、パイプライン事業の参加

このプロジェクトは、イルクーツクの北方約四五〇キロに位置するコビックティンスク・ガス田を開発し、そのパイプラインを通して、中国および韓国に天然ガスを供給するというものである。韓国は世界第四位の石油輸入国であり、世界第二位の液化天然ガス（ＬＮＧ）輸入国である。韓国は現在、国内で必要な天然ガスの全量をＬＮＧで東南アジアおよび中東から輸入しており、その消費量はますます増

加の一途をたどっている。[35]

コビックティンスク・ガス田は、年間二〇〇〇万トンの天然ガスを三〇年間供給するに足る量を埋蔵していることが確認されている（韓国に輸入されるのは年間七〇〇万トン程度）。この事業は予備的なフィージビリティ調査、フィージビリティ本調査、建設および商業運転の手順で進められる予定であるが、二〇〇〇年一一月に北京において締結された協定書に基づいて現在、韓国、中国、ロシアの三か国がフィージビリティ調査を進めている段階である。その結果、もし妥当であるという結論に達する場合、諸々の協定を締結し、その後ガス田開発とパイプライン建設に五―六年が費やされるものと考えられる。予想される総事業費は一一〇億ドルにのぼり、いずれにしろ、一国が単独で推進するのは難しく、国際コンソーシアムを形成する必要があるとの議論がなされている。[36] 事業がうまく進んだ場合、二〇〇八年頃からはガスの導入が可能になり、特に韓国の専門家たちは液化（LNG）よりはパイプラインを通した天然ガス（PNG）が二〇―三〇％安く供給できると期待している。

特に、南北朝鮮和解のムードにも影響され、事業のガスパイプライン網は既存の計画（総延長四一一五キロ、イルクーツク―モンゴル―上海―西海底―平澤）に加えて、北朝鮮を経由する案（総延長四三〇〇キロ、イルクーツク―ラオニング―新義州―平壌―ソウル）も検討されている。もし、ガスパイプライン網の設置が南北間経済協力事業の一環として順調に進めば、ロシアと南北間三角協力のよい事例になるであろう。

韓国政府は石油と天然ガスなど、エネルギー資源の自主開発の比率を二〇一〇年までに石油は一〇％、天然ガスは三〇％まで拡大させるという目標を掲げており、[37] 海外の資源開発に積極的に進出している。

プーチン政府の登場以来、ロシアが政治的に安定してきたこともあり、長期投資のためのよい雰囲気が作られていると判断、コビックティンスク・ガス田開発には大きな期待が持たれている。[38]

一方、最近のロシアは中国および日本ともそれぞれ別の石油パイプラインの配管問題をめぐってフィージビリティ調査を行っているなど、北東アジア諸国のエネルギー資源協力はいっそう活気を帯びている。ロシアの専門家たちは、このようなエネルギー・パイプラインを中心に今後の北東アジアの経済協力が発展するだろうとみている。さらに、北朝鮮の「核危機」を解決する手段として、同国が核兵器の開発を完全に放棄する代わりに、周辺諸国がガスを提供するという案も議論されており、イルクーツク・ガス田の開発により注目が集まっている。[39]

### （3） 鉄道連結

最近のロシアはシベリア鉄道（ＴＳＲ）と朝鮮半島縦断鉄道（ＴＫＲ）の連結事業に対してもっとも熱い関心を示している。南北朝鮮をつなぐ鉄道路線を復元し、韓国の東海線や京元線などを通して、シベリア横断鉄道に連結させるという計画である。これが実現すれば、ユーラシアをつなぐ新しい鉄のシルクロードが形成され、膨大な量の物資の移動に利用できると考えられている。

一方、これは通過費用から得られる莫大な外貨収入をロシアにもたらすことになるのみならず、シベリアと極東地域の開発を促す効果もある。[40]この他にも、ロシア政府内には、ユーラシア鉄道の建設を通して、第二次世界大戦以後米国の独占的ヘゲモニー下にあった東アジアにおいて、新しい均衡外交の場を形成できるという政策的判断も存在し、鉄道連結に相当の意欲を持って接近している。さらに、南北

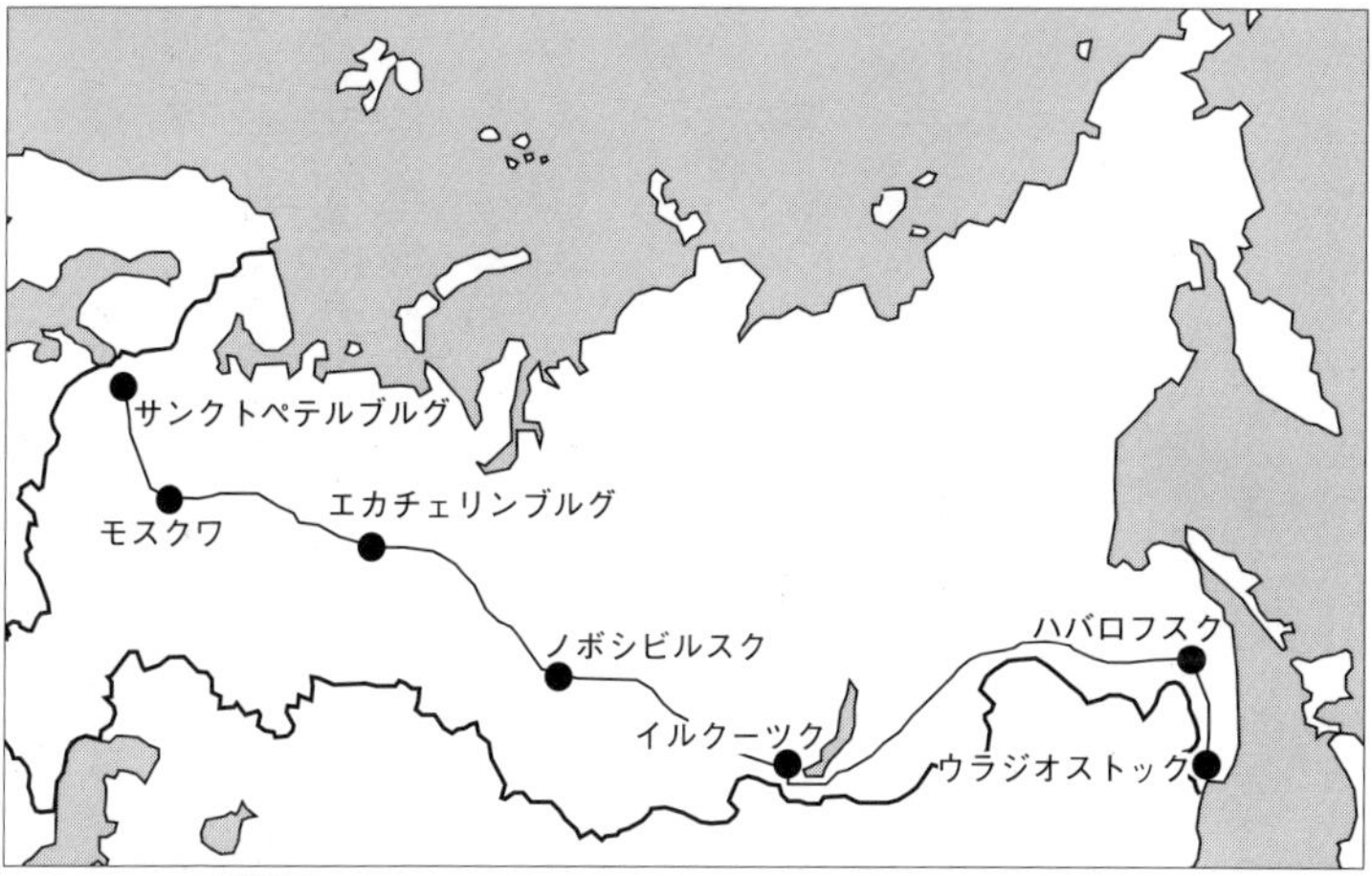

▲…シベリア鉄道図

間の鉄道連結は両国の協力関係を促す他にも、朝鮮半島の軍事的緊張緩和に役立つと期待される。

シベリア横断鉄道は極東からユーラシア大陸を通過し、ヨーロッパへとつながる運送体系である。全区間複線であるのみならず、最近は、その電鉄化作業が完成した。[41] しかし、現在の状況では、極東からヨーロッパまで鉄道を利用した場合、海上に比べ移送距離は半分に縮められるが、非能率的な運送体系や複雑な積荷プロセスによって、時間面においては海上のそれとさほど変わらない。もし、TSRとTKRをつなぎ、物理的・技術的な諸問題を解決して効率的に管理することができれば、一日一一四〇キロの走行が可能になり、ナホッカからフィンランドまで一一日で貨物輸送を完了できる。これは、現在の海上輸送にかかる時間より一七日も短縮されることになる。[42]

プーチン大統領は二〇〇二年九月一八日に行われた京義線および東海線の南北間鉄道連結工事の起工式に祝賀のメッセージを送り、「TSRとTKRを通して、朝鮮半島とヨーロッパ間の輸送路を開通させるために努力を惜しまない」つもりであると述べ、「三角協力に基づいたロシアと朝鮮半島の協力がダイナミックに発展することを望む」と強調した[43]。ロシアは朝ロ国境都市であるハサン（Khasan）からTSRの連結地点であるウスリスクまでの鉄道二四〇キロと、駅舎など付帯施設の現代化作業に直ちに着手するものと報じられている[44]。またロシア政府は北朝鮮の鉄道現代化作業に対して、自国と韓国、北朝鮮、日本、中国が参加する国際コンソーシアムの形成を計画している[45]。この事業には約三〇—四〇億ドルが必要だと推算されている。

ロシア鉄道部のスポークスマンによると、現在TSRの運送物量は年間コンテナ六万個の水準であるが、実際には二〇万個以上を輸送する能力を保有しているとされる[46]。同国鉄道部の長期的な課題はTSRが年間コンテナ一〇〇万個を輸送できるように改善することであると指摘されている[47]。パデエフ鉄道部長官は、TSRが年間五〇万個のコンテナを運送する場合、一〇億ドルの収益を期待できると主張している[48]。ロシアは、もし韓国政府がTSRを利用する安定した物量を保証できれば、自国が独自に北朝鮮側の鉄道の現代化に投資するとの立場を明らかにしたものといわれている。二〇〇二年度に釜山港を利用しヨーロッパへと向かった物量は一二五六万トンにのぼると集計されたが、このような貨物のほとんどがTSRを利用するようになれば、経済的な収支は十分であるというのがロシア側の考えである。これに対して、韓国政府は国内の企業にTSRの利用を強要することはできないとしながらも、ロシアと一緒に鉄道路線の競争力を確保するよう努力していくという姿勢を示した[49]。

二〇〇二年九月末にはロシアの鉄道長官が北朝鮮を訪問し、関係者たちとの話し合いを持つなど、最近、鉄道連結をめぐる南北間およびロシアの接触が活発に行われている。しかし、TKRとTSRの効率的な連結と競争力を備えた実用化に至るまでには、さまざまな問題点が指摘されている。まず、北朝鮮側の鉄道の老朽化およびこれを現代化させるために必要な資金確保の困難さである。特に、鉄道レールの磨耗や枕木の腐食が激しく、橋梁とトンネルは崩壊の危険性が高いと言われ、全般的にその安全性に対する懸念が指摘されている。列車の平均速度は三〇キロに過ぎないともいわれる。さらに、北朝鮮はあらゆる交通手段のなかで鉄道がその貨物輸送の九〇％、旅客輸送の六二％を担っており、すでにその容量は飽和状態に達している。これに対して、ロシアは北朝鮮側の鉄道のなかでTKRとTSRをつなぐ部分を現代化するのに要する資金を国際コンソーシアムによって調達するという計画を発表している。しかし、ロシアの専門家たちは北朝鮮の閉鎖的な経済体制や不安定な社会経済状況を考慮すると、投資者を見つけることがほぼ不可能な実情であると考えているようである。(50)

さらに、TSRとTKRの連結および効率的な実用化には、多くの技術的な問題が横たわっている。まず鉄道の幅が韓国、北朝鮮、中国、ヨーロッパ諸国は標準軌（一四三五ミリメートル）であるが、ロシア（モンゴル、フィンランドも）は広軌（一五二〇ミリメートル）を使用しており、貨物の積み替えや列車の代車交換が必要になると指摘される。この他にも、信号や通信体系の統一および運送貨物を追跡するコンピューター・システムの導入など、技術的な課題も数多く存在する。

一方、同じように、韓国の鉄道も大量の貨物を運送するのには適していない点がある。現在、東海線の巨津《コジン》から三八度線までの連結部分九キロの工事が進められているが、それだけでは到底足りない。韓国最大の港湾都市である釜山から東海線を通して北朝鮮へつなぐためには、江陵《カンルン》から三八度線までの一二七キロのみならず、浦項《ポハン》—三陟《サンチョク》の一七一キロ、合わせて二九八キロをつなぐ必要があり、そのために

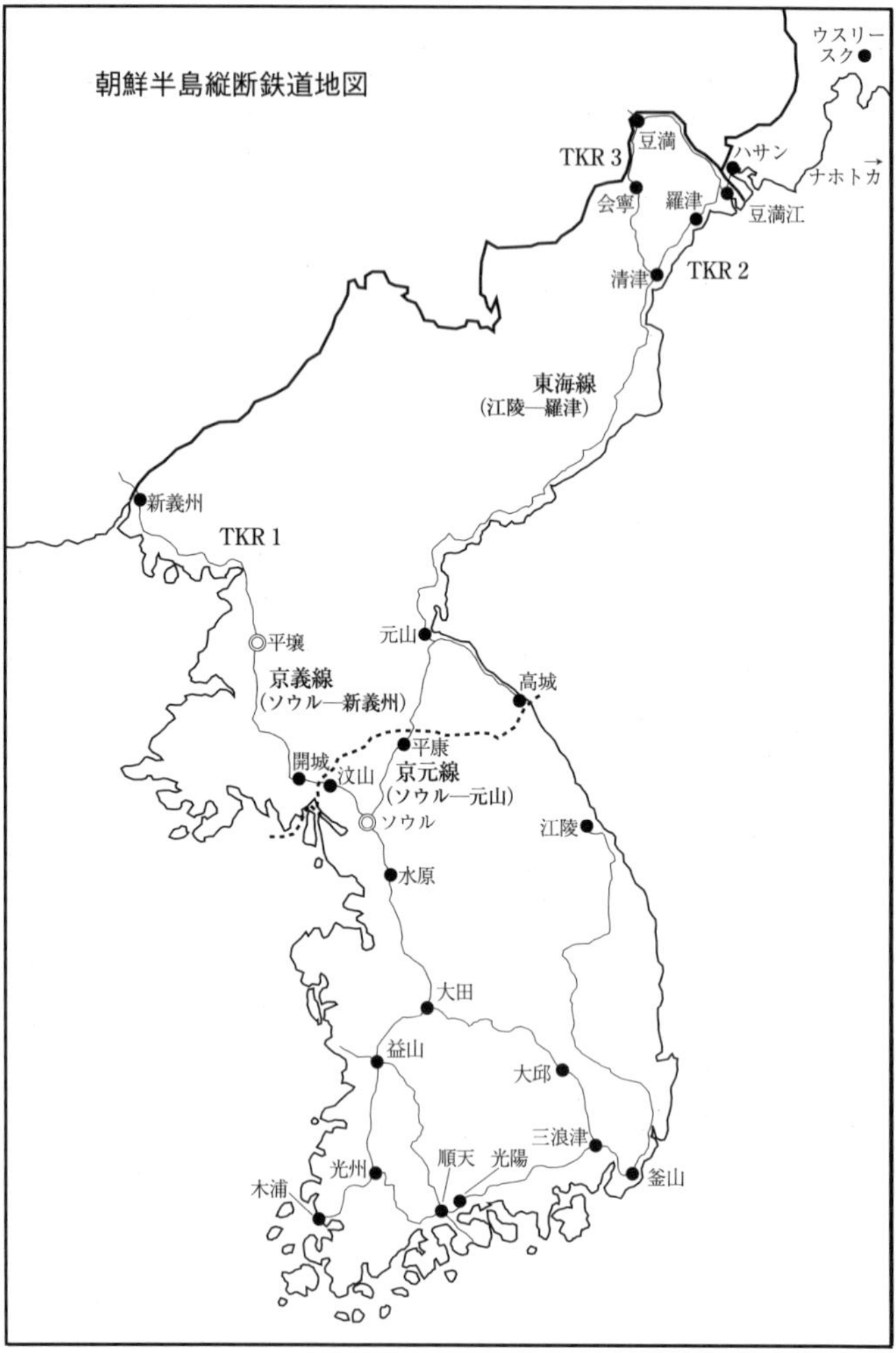
朝鮮半島縦断鉄道地図
ウスリースク
豆満
TKR 3
ハサン
ナホトカ
会寧
羅津
豆満江
清津
TKR 2
東海線
(江陵—羅津)
新義州
TKR 1
平壌
元山
京義線
(ソウル—新義州)
高城
平康
開城
汶山
京元線
(ソウル—元山)
ソウル
江陵
水原
大田
益山
大邱
三浪津
順天
光陽
光州
釜山
木浦

は相当の時間と資本が必要である。[51] しかし、より基本的な問題点として、従来、韓国はロシアのように、鉄道が貨物輸送の中枢の役割を担う体制ではないということがあり、世界第一の造船実績を誇る造船業界の抵抗も大いに予想される。

ＴＳＲとＴＫＲをつないで実用化するというユーラシア鉄道連結計画は、韓国とロシアの国民的声援に後押しされ、政治的にも大きな関心を集めている。ロシア側は、鉄道連結を通して、極東とシベリアの開発を促す他にも、第二次世界大戦以後圧倒的に米国の影響力下にある東アジア地域に自国の影響力を増加させるよいチャンスであると期待している。一方、韓国民も北朝鮮との交流協力を促し緊張緩和に役立つであろうと、鉄道への期待を膨らませている。さらに、ＴＳＲとＴＫＲの連結を通して、物流移動の要所として、その位置が強調されるという思惑がある。アジア・太平洋地域諸国が中央アジアあるいはヨーロッパへ物資を移動させるとき、その通路は朝鮮半島とＴＳＲになるからである。特に盧武鉉大統領はその国政課題として、「東アジアにおける中心国家建設」というスローガンを掲げており、そうした側面からも、ＴＳＲとＴＫＲの連結は韓国にとっても、政治的関心の対象になりつつある。

したがって今後、ユーラシア鉄道の連結はロシアと韓国両方の政治的意思によって進む可能性があるし、実のところ、それが成功するか否かもこれにかかっているといえる。当面の課題は、北朝鮮側の鉄道現代化のための国際コンソーシアムを形成することであり、韓国内にロシアの鉄道代表部を設置することが議論されている。北朝鮮の核危機が平和的に解消されれば、体制の開放と南北間交流の拡大がおのずと進展するであろうし、鉄道の連結事業もより活発に進むであろうと、ロシアのメディアは展望している。[52]

### （4）北朝鮮の産業および基盤設備の現代化

北朝鮮は旧ソ連の支援によって建設した東平壌化学発電所、勝利化学工場、寧策製鉄所などの大単位企業を現代化するためにロシアの協力を模索している。一方、ロシアは、旧ソ連が同国に建設した産業施設を現代化して新たな製品を生産することによって、北朝鮮がソ連に支払うべき借款を返してもらうのに役立てようとしている。さらに、このような工場が、ロシア極東の産業団地との間に経済的な統合過程に参加することによって、建設的な役割を果たすことをも期待する。それは、三角協力を通して朝鮮半島に対する影響力を拡大していくというロシアの政策に適っているためである。

しかし、現実には、ロシア経済は北朝鮮を支援できる余力がない。したがって、ロシアは北朝鮮の産業施設や鉄道の現代化事業において自国が投資する資金分について、韓国に借りている借款と相殺することを求めている。今のところ、韓国はそのような要求には応じていないが、政府の一部ではロシアの借款償還についてより柔軟な姿勢で臨むべきであるとの主張が出ている。[53] 一九九〇年ゴルバチョフの旧ソ連政府に韓国政府が三〇億ドルの借款供与を決定したのは、当時締結された韓ソ国交正常化に対する政治的代価という性格が大きかった。そのため、現在、利子を含めて二九億ドル余りに達する借款を、ロシア政府が現金あるいは現物で全額償還してくれるとは期待しにくいという事情がある。

今後、南北間交流が増加し緊張緩和が進むと、北朝鮮の産業現代化のための韓国、北朝鮮、ロシアの三角協力はより現実的な議題として浮上するであろう。しかし、北朝鮮がどのような改革・開放政策を進めるかは未知数であり、その行方は、南北関係および三角経済協力の方向や性格に大きな影響を及ぼすことになる。[54]

## おわりに

現在、ロシアが朝鮮半島に対して求めているのは、南北対話の進展と朝鮮半島問題の当事者間解決および南北首脳会談の継続的な推進である。すなわち、ロシアの対朝鮮半島政策は、南北間に和解努力を促すことによって、漸進的で自主的な平和的統一を達成するという韓国の政策と符号する点が多く、そのため、同国の外交政策は現政府の対北朝鮮政策の推進において肯定的に作用している。

ところで、朝鮮半島において韓国が期待するロシアの役割は変化してきた。一九八〇年代末、盧泰愚大統領が「北方政策」をかかげソ連との国交正常化を試みたとき、韓国国民はソ連が北朝鮮に影響力を発揮して朝鮮半島の平和と安定を保障してくれるという期待を持っていた。しかし、ソ連の後を継いだロシアは一九九〇年代初めに、すでに北朝鮮に対する影響力を喪失し、経済危機にあえぐ脆弱な国家というイメージを与えるようになった。この間、ロシアは絶えず朝鮮半島への肯定的な役割の遂行者としてのメッセージを送り続けたが、この地域をめぐる安保の議論では疎外されてきた。最近、ロシアは北朝鮮との関係を実質的に回復しようとする一方で、朝鮮半島における影響力を持つアクターとしての再浮上を試みている。(55)

ロシアは朝鮮半島において、いかなる役割を果たすことができ、また韓国の国民はロシアに対して何を期待しているのか。一〇〇年余り前、日清戦争で勝利を収めた日本が朝鮮半島を独占的に掌握しようとしたとき、朝鮮の高宗皇帝はロシア勢力を背負うことによって、それに対抗しようとして失敗した。

二〇世紀初頭の日露戦争[56]で敗退したロシアは、二一世紀になって再び、朝鮮半島の平和と安定を担う影響力ある勢力として、その位置を高めようとしている。

冷戦期を通して、韓国は韓米同盟に頼って北朝鮮の脅威に対処してきた。世界は脱冷戦の新しい時代を迎えている。朝鮮半島はいつまで、世界的脱冷戦の例外として取り残され続けるのであろうか。北朝鮮の内部体制は未だ変わる兆候を見せていない。しかし、南北関係は徐々に新しい転機を迎えており、朝鮮半島周辺の強大国の相互関係および韓国との関係は冷戦的な対立関係をほぼ解消しつつある。一方で、韓国は相変わらず、米国との同盟の枠組みの中でのみ安保を追求する冷戦的な固定観念から抜け出せないでいる、とロシアの専門家たちは分析している。[57]

二〇〇二年の一一月、韓国の李俊国防長官はモスクワを訪問して、イワノフ国防長官との間で「危険な軍事行動防止協定」に署名した。[58]すでにロシアは二〇〇三年三月、朝ロ条約を締結した際に、有事のとき北朝鮮を支援するという自動介入条項を削除しており、今回は韓国との間で、互いに危険な軍事行動を防止し協力を増進させることに合意したのである。このような状況を総合的に考慮すると、ロシアは北朝鮮と韓国の間で軍事・安保の面において、中立的な位置に立っていると評価できる。そうすることによって、ロシアは朝鮮半島の平和と安定のための多国間安保協力論議を活性化し、経済的には三角協力を進めながら、その役割を増大させ影響力を拡大しようとしているのである。

ロシアが主唱している朝鮮半島の安保のための多国間協力の構図は、諸刃の剣のように肯定的な面と否定的な側面を持っている。すなわち、一方で、韓国に対する米国の主導的な影響力を縮小し朝鮮半島全体の安保を確保するという効果が期待できる。しかし、他方で、朝鮮半島の国際化を促進することによって、その自主的な統一はそれだけ遠のく可能性もある。さらに、この構図に参加する周辺強大国のなかで葛藤と対立が激化することにでもなれば、朝鮮半島は再び危険な対立構図の最前線になる可能性すらあるのである。そして、ロシアが朝鮮半島において増大した影響力を利用して、この地域における米国およびその他の隣接した諸国に対する対立勢力の形成を目論む可能性も排除できない。こうした点から、韓国は朝鮮半島の平和と協力を増進させようとするロシアの試みを肯定的に評価しながらも、その動きを慎重に注視している。

［註］

（1）ホン・ヒョンイク「ロシアの北東アジア安保戦略と韓ロ協力方案」、韓国スラブ学会主催『韓―ロ関係の現状と展望』国際学術大会（二〇〇二年九月二七日）発表論文参照。

（2）過去一〇年の間、バイカル湖周辺地域の移動人口は、常住人口の一二％に該当する一二四万名が減少した。さらに、旧ソ連期のこの地域住民の所得はロシア平均より一〇％を上回ったが、最近の経済成長の増加速度はロシア平均を下回り、二〇〇〇年には平均所得の八四％にも満たないとされる。P・ミナキル「ロシアの新しいシベリア・極東開発戦略」『ロシアの極東・シベリア開発と韓半島』（第一三次漢陽大学―ロシア極東研究所合同国際会議発表論文集）、四一頁。

（3）現在、北朝鮮とロシアの間の貿易規模は一億から一億二〇〇〇万ドル程度である。

（4）北朝鮮が軍事力強化を通した強性大国建設を目指していることを考えると、在来兵器の現代化、あるいは先端兵器購入の唯一の窓口であるロシアとの間に軍事協力を求めざるを得ないと見られる。一方、ロシアは朝鮮半島に対する影響力の拡大、対米交渉力の再考、防衛産業関連物資輸出の必要のため、韓国が懸念する水準の対北朝鮮軍事協力を強化する可能性もある。コ・ゼナン「金正日の極東訪問評価およびロシア―北朝鮮関係展望」、前掲、漢陽大学―ロシア極東研究所合同国際会議発表論文集、一七頁。

(5) 二〇〇二年韓国のロシアに対する貿易規模は、輸出が一〇億六〇〇〇万ドル、輸入が二一億ドルである。

(6) チョ・ウォンホ「韓―ロ経済協力の現況と発展方案の模索」『スラブ研究』第一八巻二号(二〇〇二年)、一五三―一五八頁参照。

(7) *Nezabismaya Gazeta*, July 13, 2000.

(8) 筆者はロシア訪問中(二〇〇三年一月一五日―二三日)、なるべく多くのロシア人研究者たちとのインタビューを試みた。その結果、比較的に現実的で進歩的な若い学者たちは、現在のロシアが北朝鮮に対して実質的な影響力を行使できる根拠はほとんどないことを認めていた。しかし、旧ソ連のノスタルジアに浸っている老学者たちは、極端な例として、朝鮮半島の安定があたかもロシアの手にかかっているような幻想を抱いている様子が窺えた。

(9) 鉄道連結事業の起工式は二〇〇二年九月一八日に開かれた。一方、ロシュコフ外務次官は、日朝首脳会談直後の二〇〇二年九月一七日の声明において、「ロシアは日朝両国の対話ムード醸成のために最善を尽くした」とし、日朝間の過去一年間の水面下の交渉において、ロシアが積極的な役割を果たしてきたことを強調した。小泉総理も北朝鮮を訪問する前日にロシアの外務長官と面談し、二〇〇三年一月に日ロ首脳会談の実現に合意した。

(10) 二〇〇二年に金正日総書記は合計二六回、外国からの来賓と会っているが、そのうちロシアが一二回を占めていることに示されるように、ロシアと北朝鮮との外交的対話は緊密化している。連合ニュース、www. Unirussia.com(二〇〇三年一月二一日)。

(11) *Rossiyskaya Gazeta*, July 30, 2002.

(12) ユン・イクチュン「韓半島におけるロシアの役割―北朝鮮核ミサイル危機を中心に(1991-96)」、『スラブ研究』第一七巻第一号、六頁から再引用。
(13) 前掲、ユン、六一―一九頁参照。
(14) ロシュコフ外務次官は、北朝鮮の核プログラムに対して懸念を表明し、北朝鮮はＩＡＥＡに協力すべきであると主張した。*Moscow Times*, December 25, 2002.
(15) Interfax, January 10, 2003, in Daily Reports ; Foreign Broadcast Information Service, Soviet Union, January 9, 2003（以下、FBIS-SOV-2003-0109と略記）。
(16) "Russia to intensify contacts with N. Korea official," *Moscow Times*, January 5, 2003. ロシアのエネルギー長官は北朝鮮が核兵器を開発できるまでにはさらに五〇年以上の年月が必要であるとしている。Interfax, January 10, 2003, FBIS-SOV-2003-0110. このような評価は極端すぎるとはいえ、筆者がロシアで会ったほとんどの専門家たちは北朝鮮が未だ核兵器製造に必要な核心的技術は保有していないものと判断していた。
(17) ITAR-TASS, January 10, 2003, FBIS-SOV-2003-0110.
(18) Interfax, January 9, 2003, FBIS-SOV-2003-0109.
(19) "Russia to intensify contacts with N. Korea official," *Moscow Times*, January 5, 2003.
(20) 二〇〇三年一月初めにロシアを訪問した韓国の金恒経外務次官は、ロシュコフ次官との会談において、北朝鮮に対してその安全を保証できる多様な方式について意見交換を行ったものと報じられている。Interfax, January 5, 2003, FBIS-SOV-2003-0105. 米国が口頭で北朝鮮の体制を保証し、ロシアが文書においてその安保を保証する形をとる案、あるいは「多国間で北朝鮮の安全を保証」する案などが考えられる。米国が条約あるいは文書を通して北朝鮮の体制を保証する案については抵抗を抱いているため、その代案として中国、ロシアなど周辺国がその体制を保証するのも一つの案として議論されている。このようないろいろな提案に対して、北朝鮮は、これらが自国の核問題を国際的な争点にし、国際社会からの圧力を加えようとする米国の戦術であると批判している。
(21) ITAR-TASS, January 6, 2003, FBIS-SOV-2003-0107.
(22) *Izvestia*, "MD Poccii predlozhil mirniy plan dlya Kim Chen Ira," January 12, 2003.
(23) アナン国連事務総長特別顧問モリス・ストロング国連特使、オーストラリア代表団を率いて北朝鮮を訪問したマレイ・マクリン外務省第一次官補、韓国のイン・ドンウォン特使などは、金総書記との面談が拒否された。
(24) 連合ニュース、www. Unirussia. Comから検索(二〇〇三年一月三一日)。
(25) 二〇〇三年四月二三日―二五日に中国の北京で北朝鮮、米国及び中国の三者協議が開かれたことがある。中国は現在、北朝鮮に食糧及び石油を支援している国家として、北朝鮮に対してロシアより大きな圧力をかけることができる。このような中国の立場が結局、三者協議の当事者になる要因であったと考えられる。
(26) 二〇〇三年六月中旬ハワイで開催された日米韓三国調整グループ(TCOG)の会合において、五者協議開催の可能性が議論された後、このような展望が浮び上がった。
(27) 二〇〇三年七月二日のプーチン大統領とブッシュ大統領の電話を通じた対話、及び七月八日ニューヨークで開かれたジャック・プリチャード米国務省北朝鮮問題担当特使と朴吉淵国連駐在北朝鮮大使の非公式接触で、ロシアの参加が議論された可能性があると思われる。
(28) 小泉首相も二〇〇三年一月ロシアを訪問する前に、北東アジアの平和と安定のためには日本とロシアを含めた四大国と南北の六か国の協議体が必要であると主張し、注目を集めた。ITAR-TASS, January 8, 2003, FBIS-SOV-2003-0108.
(29) チョン・ヒソク「ロシア連邦の韓半島平和政策」『中ソ研究』第二六巻四号(二〇〇二/三年)。
(30) ITAR-TASS, August 19, 2002, FBIS-SOV-2002-0819.

(31) S・ススリナ、「南北とロシアの三者間経済協力に対するロシア側の観点―問題と展望」、前掲、第一三次漢陽大学―ロシア極東研究所合同国際会議発表論文集、六八―七二頁。
(32) キム・サンウォン「ナホッカ韓―ロ工業団地進出の現状と考慮事項」『経済政策研究』第四巻第二号(二〇〇二年)、一三二頁。
(33) 同上、一六五頁。
(34) 批准が遅れているのは、ロシアの国内政治上の理由のためとされる。自由貿易地帯が、ロシアの為替流出において、一つの窓口の役割をしてきた点など、政治的な拒絶感が作用しているというのである。(二〇〇三年一月二〇日、筆者がモスクワで会ったロシア極東問題研究所のヴァレリィ・ミキーフ(Valery Mikheev)副所長の説明)。
(35) 金明南「北東アジアガス開発の現況および今後の展望」、前掲、第一三次漢陽大学―ロシア極東研究所合同国際会議発表論文集、一〇〇頁。
(36) 同上、一〇五―一〇六頁。
(37) 二〇〇一年現在、石油一・六%、ガス二・二%に過ぎない。
(38) 現在、ロシアと韓国間の有煙炭および鉱物資源の貿易規模は一億ドル程度であり、資源投資事業として進行中のものは、サハ共和国のエレル有煙炭鉱開発事業のみで、その実績は乏しい。
(39) 特に、このような案に対して、盧武鉉政権が関心を持っていると報じられている。www.unirussia.comから検索。(二〇〇三年一月二六日)。
(40) TSRの利用を通して、ロシアの賦存資源(石油、ガス、チタニウム、石炭、金)開発を推進できる。特に、バイカル―アムール区間(BAM)は、石炭、鉱石、非鉄金属の埋蔵量が豊富である。
(41) ロシアはシベリア鉄道の電鉄化事業を完成し、その記念式を盛大に行った。約一万キロ(モスクワからウラジオストックまで九〇八八キロ)に達するシベリア鉄道が完全に電鉄化されることによって、四〇〇〇トン以上は輸送できない蒸気機関車の代わりに、六〇〇〇トン以上の貨物を輸送できる電気機関車をＴＳＲ全区間に投入できたのである。さらに今後、一日平均一〇〇〇キロ水準で走行するように上向調整されたシベリア横断列車の速度を、平均一四〇〇キロへと再調整する予定である。もし、この鉄道の運行をより効率化すると、現在極東からフィンランドの国境地域までかかる二五日を一二日に短縮することができると言われている。Yonhap, June 5, 2002, FBIS-EAS-2002-0605.

(42) アン・ビョンミン、「韓国のＴＫＲ―ＴＳＲ連結政策と戦略」、前掲、第一三次漢陽大学―ロシア極東研究所合同国際会議発表論文集）、七九頁。

(43) 二〇〇二年八月二三日、プーチン・金正日首脳会談の主要関心事は、鉄道連結事業であった。八月末に開かれた南北間経済協力推進委員会の第二次会議において、九月一八日、京義線と東海線の鉄道および道路の連結工事を九月一八日に同時に着工することが合意された。

(44) ロシアは約三〇億ルーブル（約九五〇〇万ドル）の予算を策定し、この作業は二〇〇五年までに完成すると言われる。www.Buyrussia21.co.krから検索。（二〇〇三年一月二八日）。

(45) 二〇〇二年一二月にロシア鉄道専門家三五名で構成された鉄道査察団が、約二週間、元山から金剛山までの一二〇キロメートル区間の北朝鮮側の鉄道の調査を終えた。ロシアは今回の調査資料に基づいて、豆満江の朝ロ国境から金剛山に至る東海岸鉄道の再建計画を立てるといわれている。日本は海底トンネルを通した大陸との連結に関心を示している。日本の佐賀県唐津市から出発して対馬を通り韓国の巨済島に至る二〇〇キロの、世界でもっとも長い海底トンネルが建設される場合、工事だけでも一五年を要し、約七七〇億ドルが必要だとみられる。さらに、このようなトンネルが完成すると、日本がユーラシア大陸に向けた基点になり、韓国は一つの通過点に過ぎないことになると考えられている。Yonhap, October 2, 2002, FBIS-EAS-2002-1002.

(46) 一九八一年に一三万八四六二個のコンテナを輸送し最高点に達したが、その後、一九九六年には二万二〇〇〇個へと落ちた。一つは、ヨーロッパ航路運送業者たちとの間に運賃競争が激化し、海上運送の値下げが進んだのに原因がある。一方、鉄道の方は、運賃が急騰し貨物運送事故が頻繁に発生したことの他にも、税関の手続きが複雑なため、海上運送との競争に負けたのである。ソン・ウォンヨン、「TKR－TSR連結の意義と波及効果―北東アジア経済協力の観点から」『シベリア、極東ロシアと韓半島』（韓国スラブ学会二〇〇二年度定例学術大会発表論文集）、五三頁。

（47）www.einnews.com/support/articleから検索。（二〇〇二年一二月一四日）。

（48）連合ニュース、二〇〇二年一二月二七日。www.buyrussia21.co.kr/neoboard/viewbody.htmlから検索。（二〇〇三年一月五日）。

（49）『朝鮮日報』二〇〇三年一月八日。

（50）二〇〇三年一月二〇日に筆者がモスクワの極東問題研究所において面談したヴァレリー・ミキーフ（Balery Mikheev）副所長は、ロシアの政治的決断のみがこのような問題を解決する糸口を提供できると強調した。

（51）前掲、アン・ビョンミン、八六頁。二〇〇二年八月中旬に開催された南北長官級会談において、北朝鮮側は、東海線鉄道の連結問題により関心を示していたが、韓国側の関心はむしろ京元線連結にあった。京義線はすでに韓国側区間の工事を終えており、年内につなぐことも可能であるが、東海線は軍事境界線から江陵までの一二七キロを復元するのに七―八年はかかるものと判断される。したがって、韓国はまず軍事境界線からもっとも近い都市である巨津までの九キロをつないでいる。これによって、北朝鮮側は軍事境界線から温井里《オンジョンリ》までの一八キロのみをつなげばよいことになる。北朝鮮はロシアとの協力を重要視するため、東海線により強い関心を持っている。それは、その最大課題である電力難を解消するためには、旧ソ連の支援により建設した発電所の補修および再建が急務であるという判断からであろう。

（52）Interfax, January 8, 2003, FBIS-SOV-2003-0108.

(53) 最近、韓国政府はロシア政府の借款償還額の利子のうち六億ドルを棒引きし、その償還期間も五年後から二〇年分割を提示し、ロシアの負担を緩和することを決定した。当初、ソ連に対して提供された借款額は一四億七〇〇〇万ドルであったが、それに利子がついて最高二三億二〇〇〇万ドルにまで増え、その間、三億七〇〇〇万ドルが現物で支払われ、現在のところ、二二億二〇〇〇万ドルが残っている。『中央日報』二〇〇三年一月二七日。www.joins.comから検索(二〇〇三年一月二九日)。

(54) 実際、二〇〇二年度に朝ロ貿易は一億ドルを上回り、この傾向はさらに増加するものと予想される。北朝鮮からの労働者の追加送出が合意されたことからも、現在一万二〇〇〇名程度である極東地域内北朝鮮出身労働者は大幅に増加するであろう。

(55) プーチンは、朝鮮半島において自国の影響力を回復させるためには、北朝鮮との関係改善が急務であると考えている。彼は、就任後まもなくして平壌を訪問し、その後もほぼ毎年、夏には金正日総書記との間で首脳会談を行ってきた。しかし、朝ロ関係はまだ何の実質も伴っていないといえる。外貨不足に悩まされている北朝鮮としては、ロシアと取引する手段を持たないのであり、他方、ロシアも旧ソ連期のように慈善的な援助を与えることはできないのである。

(56) より正確には、朝鮮半島の支配権をめぐって日露戦争(一九〇四—五)が勃発したわけではない。日露戦争の争点は満州であり、戦争終結後、ロシアは朝鮮の意志とは関係なく、朝鮮半島における支配者として日本を認めることになった。

(57) ロシアの専門家たちは、韓国で起きている韓米地位協定(SOFA)改定のための一連の示威行動と米国に対する盧武鉉大統領のより自主的な立場の表明が、脱冷戦に影響された民族主義の現れであると評価している。

(58) この協定の主な内容は、両国は、① 軍が相互の領域に進入する際には事前に通報する、② 不必要な衝突を防止するため通信の事前協調を行う、③ 軍事情報を交換する、④ 合同軍委員会を定期的に開催する、などである。この会談においては、韓ロ両国の間で軍事交流および協力増進のために、軍高位級幹部の交流拡大、両国間海上合同訓練の実施（捜索、救助）、両国間国防部政策協議体の設置、その他各種軍事訓練参観団の交換などで努力することが合意された。さらに、韓国は第T－80タンクなど、ロシアの先端兵器をより積極的に導入する意思を示した。

# 第5章 「北朝鮮問題」と日本外交

## 小泉訪朝をめぐって

奥薗秀樹
*Okuzono Hideki*

### はじめに

冷戦終結後の日本にとって、国家の安全と国民の生活を脅かす最も深刻な脅威となっている国は、朝鮮民主主義人民共和国（以下北朝鮮）である。現在の北朝鮮という国は、日本にとって、核開発を秘密裏に進め、他国の上空を通過する弾道ミサイルの実験を事前通告なしに行い、工作船を派遣して他国民を拉致しておきながら認めようともしない〝国際常識の通じない何をしでかすかわからない国〟、国民が飢えに苦しみながらも、一方であらゆる局面において軍事を優先する「先軍領導体制」を貫き通す〝周囲に軍事的脅威を振りまく危険な隣人〟としてしか映っていないというのが実情である。そうした国が、国交も持たない状態で隣国として存在していること自体が脅威だというわけである。

北朝鮮が、緊張を高めていく現在のような攻撃的姿勢を改め、周辺諸国や地域に脅威を与えることのない民主国家として生まれ変わってくれることが、日本にとって最も望ましいことは言うまでもない。

しかしその実現は、現行の金正日体制を維持したままでは難しく、体制の転換を伴うことが避けられないものと思われるだけに、長期的な課題とならざるを得ないであろう。周辺諸国には、当面金正日体制が維持継続されることを前提に、現在の北朝鮮と根気よく付き合っていく覚悟が求められることとなり、そこには、北朝鮮が危険な行動に出ることがないように、またそうした行動に出たくても出られないようにしておく必要性が生じることになる。それは何よりも北朝鮮の軍事的脅威を封じ込め、また除去してこそ可能であるが、そのためには、北朝鮮の手から「凶器」を奪い取るか、また奪い取ることはできなくても、最低限それを使用できないようにしておかなければならない。軍事力を行使してでも、北朝鮮の大量破壊兵器開発とその拡散を阻止する「イラク型」の強硬策による対処も取り沙汰されているが、北朝鮮を種々の取り決めに加入させることで国際社会への取り込みを図り、「凶器」を使用したくてもできないように、多国間の枠組みの中に組み込んでしまうといったような外交的な方策が優先的に検討されなければならないことはいうまでもないであろう。

他方、日本にとって回避することができないのは、北朝鮮との関係を論ずるにあたっては、植民地支配という「過去の清算」を関係正常化のための出発点とせざるを得ないという点である。その意味で、日本には元々「過去の歴史」という北朝鮮に対する〝負い目〟があり、逆に北朝鮮は日本から堂々と「過去の清算」を獲得することができるわけである。それだけに、日本から巨額の資金が金正日体制下の北朝鮮に投入されることの危険性を指摘する声も少なくない。北朝鮮が日本からの資金を軍事目的に使用して、日本を含む周辺諸国にさらなる脅威を与えるようなことはしないという担保が保証されない限り、たとえそれが「経済協力」方式で行われるとしても、日本として「過去の清算」に踏み切るのは躊躇せざるを得ないであろう。

日本としては、現状のままの北朝鮮と関係を正常化することなど到底できるものではなく、相手が劇的に変わらない限り、今の北朝鮮に敢えてこちらから手を差し伸べる必要などないとする見方もある。しかしその一方で、北朝鮮が隣国である以上、日本もその影響から自由であることはできず、その結果現在のように、国民に不安と警戒を強いながら対立し続けていくことには多大な負担が伴うというのもまた厳然たる事実である。そうした点を勘案してみると、日本としては、北朝鮮の前途が不透明であるからこそ、ただ単に相手が崩壊するまで放置し続けておけばそれですむというわけにはいかないのであり、むしろ「北朝鮮問題」に積極的に関与していくことで、自分にとってより好ましい環境を造り上げていこうとする外交努力が求められていると言うことができよう。そのような視点から見た時、小泉純一郎首相の平壌訪問と史上初めての日朝首脳会談の開催は、戦後日本外交史においても稀に見る積極的かつ能動的なアプローチとして評価するに値するものと思われる。

本稿では、日本外交が北朝鮮の脅威を除去して自らの安全を確保し、朝鮮半島の緊張緩和と北東アジアの平和と安定を実現するために果たし得る役割とその可能性について、小泉首相の訪朝と「北朝鮮問題」の展開を軸に考えてみることとする。それにあたってはまず、小泉首相の訪朝という日本の積極外交を可能にした背景とそのプロセスを多角的に分析し、その上で日朝首脳会談の意義と成果について見直してみることとする。そしてイラク戦争後、相次いで打ち出される北朝鮮の強硬措置と、全ての核計画の放棄が前提であるとする米国の姿勢によって米朝関係が接点を見出せず、緊張の度合いが高まっていく中で、日本外交はいかなる役割を果たすことができるのか、膠着状態を脱せられずにいる日朝関係を踏まえた上で、その可能性について展望してみることとしたい。

## Ⅰ　小泉訪朝実現の背景とそのプロセス

北朝鮮との国交正常化と国交正常化交渉の再開は、日本にとって様々な意味合いを包含するものである。それは、かつて植民地支配をした隣国との関係正常化によって、残された「戦後処理」問題に決着をつけるという意味で、また「拉致問題」をはじめとする日朝二国間に横たわる様々な懸案を解決していくための第一歩として、さらに現存する脅威としての核開発やミサイル問題等、北朝鮮に関わる安全保障上の諸問題を解決し、日本と北東アジアの平和で安定的な国際秩序を構築していくための積極的貢献として、そして隣国における米朝軍事衝突の危険性を削減するという意味で、それぞれ大きな意義を持っている。そうでありながら、日朝関係はこれまで停滞を余儀なくされてきたのである。そうした日朝関係に画期をなしたのが小泉首相の平壌訪朝であった。二〇〇二年九月一七日、金正日総書記との間で史上初めての日朝首脳会談が実現したのである。

日本の対朝鮮半島政策は従来、米国、韓国との協調を前提としながら、「平和と安定」を最優先し、米朝関係や南北関係等周辺情勢の変化にその場その場で臨機応変に対応していく形の「受動的状況対応型」の消極的外交姿勢をとってきた。小泉訪朝の実現は、そうした日本の外交姿勢が、自ら能動的に動くことで、膠着状態にある日朝関係はもちろん、北朝鮮を取り巻く閉塞した国際関係に突破口を開き、日本にとって望ましい国際秩序を創りあげていこうとする「積極的状況造成型」の外交姿勢へと大きく転換したことを強く感じさせるものであった。日本は、朝鮮半島を取り巻く新たな国際秩序を形成していくのに大きな役割を果たしうる可能性を当事国と周辺国に示し、朝鮮半島の緊張緩和と和平プロセスには日朝関係の正常化が不可欠であることを再認識させたのである。

ここではまず、日本が朝鮮半島の緊張緩和と北東アジアの安定実現に向けて果たし得る役割とその可能性について考えるにあたり、小泉首相の訪朝という日本のこれまでにない積極外交を可能にした背景とそのプロセスを多角的に分析しておきたいと思う。どのような背景の下、いかなる経緯で日朝首脳会談の実現がもたらされたのかについて振り返ることは、朝鮮半島をとりまく平和で安定的な国際秩序を形成していくにあたって、どうすれば日本が効果的な役割を果たすことができるのか、日本にできることは何で、何ができないのかを考える上で大きな示唆を与えてくれるものと思われる。以下、金大中政権の「太陽政策」と朝鮮半島をめぐる国際関係の新たな展開、米国の政権交代による対北朝鮮政策の転換と同時多発テロの衝撃、そしてそれらを含む内外の与件の変容がもたらした日朝関係の力学の変化と金正日の政治的決断に焦点を当てて見ていくこととする。

### （1）「太陽政策」と朝鮮半島をめぐる国際関係の新たな展開

まず挙げることができるのは、韓国の北朝鮮に対する姿勢と政策の変化である。それは周辺諸国の対朝鮮半島政策の展開に多大な影響を与えるものである。中でも、「太陽政策」と呼ばれる対北朝鮮包容政策を掲げた金大中政権の登場は、南北関係はもちろん、朝鮮半島を取り巻く国際秩序に構造的変容をもたらすものであった。
一九九二年八月の中韓国交正常化は、北朝鮮が南北関係と日朝関係の改善に見切りをつけ、核不拡散条約（NPT）脱退を宣言して「瀬戸際外交」に走る決定打となった。以後、朝鮮半島情勢は米朝関係を軸に展開するようになり、韓国は強い外交的疎外感と焦燥感にさいなまれることになった。そうした中、金泳三政権は、冷戦的思考から脱却したはずの「七・七宣言」[1]とは裏腹に、日米による頭越しの対北朝鮮接触に強い警戒感と不快感を露わにしていた。そして、今こそが統一に最も有利な状況であるとの認識の下、近い将来の物理的統一を明確に視野に入れながら、著しい経済格差を利用して政治的外交的に北朝鮮を圧倒し崩壊へと追い込むことで、韓国主導による「吸収統一」を一気に図ろうとしたのである。

金大中政権の「太陽政策」はそうした方針とは明確に一線を画し、今はまだ統一の時期ではない、機は熟していないとの認識の下、二つの異なる体制の一定期間の共存と漸進的な同質性の回復に重点を置き、物理的統一の実現よりも当面の平和的共存共栄を重視する方向へと大きく旋回したのである。太陽政策が掲げるこうした南北の互恵主義、平和的共存共栄の追求は、ある意味で「分断の固定化」であり、統一の事実上の棚上げとも受け取られかねないものであった。統一の絶好のチャンスを逃し、弱り切った北を回復させることで分断を永久化させ、ひいては周辺大国が介入しやすい構造に逆戻りさせてしまうのではないかという批判と懸念を呼び起こしても余りある大転換だったといえるであろう。

太陽政策に基づく新たな南北関係は、「政経分離」と「民間主導」によって特徴付けられるものであった。経済協力をあくまで北朝鮮を政治的対話の場に引き出すための手段として位置づけ、民間企業による自由な対北朝鮮接触は相手を利するだけのものとして政治的に規制されてきた従来の方針が、金大中政権下では、政府間関係の変動に左右されずに、民間企業による北朝鮮との接触交流を政府としても積極的に奨励していく方向へと大きく転回したのである。こうした方針の下、韓国の民間企業の対北朝鮮進出は活発化し、韓国は日本を抜いて中国に次ぐ第二位の北朝鮮の貿易相手国となったのである[2]。そして何よりも、歴史的な南北首脳会談（二〇〇〇年六月）の実現は太陽政策の最大の成果である。金大中大統領が、民間による経済協力を政府間レベルに格上げし、インフラ等社会間接資本の整備に協力する用意があることを「ベルリン宣言[3]」で表明したのを機に、太陽政策に対する警戒感を隠さなかった北朝鮮の態度にも変化が表れ、南北首脳会談の開催が決まったのである。

米朝関係と日朝関係の改善が南北関係に先んじて進められ、緊張緩和が図られていくことを、韓国としても積極的に支持し、後押ししていくという姿勢が明確になったことは、朝鮮半島をめぐる国際関係に構造的変化をもたらす可能性を秘めていた。それは強い当事者意識と日米に対する潜在的不信感から、両国の北朝鮮との関係改善には韓国の了解が不可欠であり、南北関係の進展とバランスをとることが前提条件として実質的に求められていた従来の姿勢を大胆に転換するものであった。これによって周辺諸国は、韓国政府に気兼ねすることなく、時にはその韓国に背中を押される形で、北朝鮮との関係改善に取り組むことができるようになったのである。韓国との関係正常化以降、南北双方と国交を持つにもかかわらず、韓国の顔色を窺う余り、長年の友好国であった北朝鮮との関係改善に手をつけることができず、結果として朝鮮半島に対する影響力の低下を余儀なくされてきた中ロ両国は、孤立からの脱却を図ろうとする北朝鮮側の思惑とも相俟って、急速に関係を修復することに成功した。短期間に相次いだ首脳同士の相互訪問[4]は、太陽政策が、中ロのとりうる朝鮮半島政策の幅を拡大させ、その影響力を増大させる結果をもたらしたことを示している。そして太陽政策を掲げる韓国はもちろん、それによって北朝鮮との関係修復を果たした中ロ両国までもが、機会ある毎にハイレベルで日朝関係の改善に支持を表明したことは、小泉訪朝の実現にプラス要因として作用したものと思われる。また、米国のクリントン政権が南北首脳会談後の和平ムードに乗り、金正日総書記の右腕と言われる趙明禄特使（国防委員会第一副委員長）の訪米を受け入れて「米朝共同コミュニケ」を発表し、またオルブライト国務長官が訪朝して金正日総書記と会談し、大統領の訪朝に向けた準備に取り組む等、米朝関係が一気に打開へと向かう可能性さえ現実味を帯びて議論されたという事実もまた、韓国の対北朝鮮政策の転換がもたらした変化であったといえよう。

このように、南北関係をはじめ米朝関係、中朝関係、ロ朝関係と、太陽政策によって朝鮮半島を取り巻く国際秩序が大きく変容していく中、「拉致問題」という難問を抱えて身動きがとれない日本は、頭越しに米韓両国と北朝鮮の和平が達成されかねない事態の急展開に戸惑いを隠せず、置き去りにされつつあるという強い焦りにさいなまれていた。米国大統領の訪朝という最大の成果を勝ち取る瞬間を目前にして自信を深めた北朝鮮は、孤立化の様相を深めていく日本外交の足下を見て、ようやく再開された日朝国交正常化交渉を自ら打ち切る挙に出たのである。北朝鮮の対日交渉力は頂点に達していたといえよう。

ところが、「太陽政策」によって生み出された和平へと向かう朝鮮半島情勢の新たな流れは、ジョージ・W・ブッシュ新政権の登場で文字通り一変することになる。そしてそれは、皮肉にも日本の対北朝鮮交渉力を高める結果につながることになるのである。

### （2）米国の対北朝鮮政策の転換――ブッシュ政権の登場と同時多発テロの勃発

クリントン政権の対北朝鮮政策は、「アメと鞭」を基本とするペリープロセスに基づき、二国間直接対話を通じて大量破壊兵器の拡散防止を図ろうとするものであった。それは、南北首脳会談によって造成された和平ムードに乗って、クリントン大統領の訪朝という形で結実するかとも思われた。しかし、米国大統領選挙の開票作業をめぐる混乱が長引く中、ミサイル交渉において米朝は合意に到達することができず、大統領の訪朝は土壇場で実現しないこととなった。

これに対して、紆余曲折の後に登場したブッシュ政権は、クリントン政権期の「検証なき平和」を批判して対北朝鮮政策の全面的見直しに着手し、米朝対話は急速な停滞を余儀なくされることになった。金大中大統領は、発足後間もないブッシュ政権に対北朝鮮宥和政策の継続を説得するために急ぎ訪米したが、ブッシュ大統領は「太陽政策」への支持を表明しつつも、北朝鮮という国家の不透明性や金正日という指導者に対する懐疑心を口にすることをためらわなかった。(5) その後、ブッシュ政権は、国際原子力機関（ＩＡＥＡ）による核査察の即時受け入れやミサイルの開発・輸出規制等大量破壊兵器に関わる問題はもちろん、通常兵力の脅威削減や国民への圧迫・人権侵害の是正まで含めて、北朝鮮側による実質的改善がなされない限り、米国側から歩み寄ることは一切せず、米朝交渉の再開自体も見合わせるという方針を明らかにした。事態は一変したのである。

このような米国の北朝鮮に対する厳しい姿勢を決定的なものにしたのが、二〇〇一年九月一一日に勃発した同時多発テロ事件であった。以後、大量破壊兵器の拡散防止は「テロとの闘い」に直結するものとなり、米国の対外戦略の基軸として、より一層確固たるものとなった。そして翌年一月二九日、上下両院議員を前に行われたブッシュ大統領の一般教書演説は、北朝鮮にとって極めて衝撃的なものであった。即ち、その中で北朝鮮は、「国民を飢えさせながらミサイルと大量破壊兵器で武装する体制」とされ、イラン、イラクと並んで、テロを支援し大量破壊兵器で米国とその同盟国の安全を脅かす「悪の枢軸」であると名指しされたのである。[6] それは単なる「政策批判」の域を超えた明確な「体制批判」であり、「体制否定」とも受け取れるものであった。

そして、さらにその後、同時多発テロから一年が経過した九月二〇日、議会へ提出されたブッシュ政権の包括的対外政策文書である「米国の国家安全保障戦略」は、「封じ込め」や抑止力を重視した冷戦期の安保戦略からの抜本的転換を明言し、「国際社会の支持を得るための努力は続けるが、必要とあらば先制する形で自衛権を行使し、テロリストが米国と米国民に危害を加えるのを防ぐために単独で行動することもためらわない」として、「ならず者国家」や「テロ集団」の潜在的脅威に対する自衛のための先制攻撃を正当化したのである（ブッシュ・ドクトリン[7]）。これは即ち、北朝鮮に対しても、高いハードルを設定して一方的譲歩を迫り、それに応じない限りはこちらから交渉や取引に臨むことはないとする「放任」的態度にとどまらず、応じなければ場合によってはこちらからの先制攻撃も辞さないという、まさに「一方的通告」を行っているに等しいものであるといえよう。

このような米国の徹底した強硬姿勢によって、「核」をカードとした「瀬戸際外交」で米国を二国間交渉のテーブルに引っ張り出すという、北朝鮮が用いてきた外交手法は、その使用が困難なものとなった。同時多発テロ後の米国は、北朝鮮にそのような交渉術を用い続ける余地を与えるほど悠長ではなくなったのである。当面、混迷するイラク問題が米国にとっての最優先課題であることに疑いはないが、北朝鮮が土壇場で米国の意図を読み誤ると、「破局」へと至る可能性が存在することは否定できないであろう。

米韓で歩調を合わせて北朝鮮との対話を進めていったクリントン政権末期とは対照的に、「テロとの闘い」において大量破壊兵器の拡散を阻止するためには、圧倒的な軍事力を背景としてあらゆる選択肢を排除せず、いざとなったら単独による先制攻撃も躊躇しないとする「強者の論理」で一貫したブッシュ政権の対北朝鮮政策は、米朝関係のみならず米韓関係をも大きく揺るがすこととなった。同時多発テロ後も、内外の逆風に慎重に対処しながら、「太陽政策」を何とか維持してきた金大中政権は、全面戦争につながる恐れのある「北との対決」は何があっても回避しなければならず、そのためにはとにかく「対話路線」だけは絶対に堅持しなければならないとするスタンスで一貫してきた。北朝鮮政策をめぐって米韓両国の間に生じたこのような溝は、両者の北朝鮮に対する認識の格差に起因するものであるだけに、日米韓三国協調体制をも揺るがしかねないものであった。ところが同時にそれは、南北関係や日朝関係、日米関係にも少なからぬ影響を及ぼし、「北朝鮮問題」をめぐって日本が果たしうる役割の幅を拡げる結果をもたらすことになったのである。

### （3）ブッシュ政権の対北朝鮮強硬姿勢と日本の対北朝鮮交渉能力の向上

クリントン政権末期、「拉致問題」で身動きがとれずに強い焦燥感に駆られていた日本は、大統領の訪朝までが実現した場合、南北和平と米朝和平という二重の衝撃に持ち堪えることができたであろうか。仮定の話とはいえ、「拉致問題」の解決を国交正常化交渉再開の前提条件とするという原則を、果たしてどこまで維持し続けることができたか、甚だ疑問であるといわざるを得ない。「拉致問題」をとりあえず棚上げにしてでも正常化交渉に乗り出さざるを得ず、展開によっては、関係正常化すらも何らかの形で追求せざるをえなかったのではないかとさえ思われるのである。このような日本を「頭越し」にした形での米韓両国による対北朝鮮関係の正常化という筋書きは、まさに、日本にとっては武力衝突とともに最悪のシナリオの一つであったと言うことができよう。

ところが、強硬なブッシュ政権の登場によって米韓両国の北朝鮮に対する足並みが乱れ、順調に見えた南北対話と米朝対話にもその影響が表れ始めると、朝鮮半島の緊張は徐々に高まりを見せるようになり、それに伴って、日本外交の行動範囲はむしろ拡がっていくことになった。和平ムードの中、対北朝鮮政策をめぐって歩調を合わせる米韓に対して拉致問題で身動きのとれない日本というそれまでの構図が、対話路線を堅持する韓国に対して強硬路線で揺るがない米国、その間でバランスをとる日本という新たな図式に変化したのである。つまりは、南北首脳会談後の和平ムードに包まれて、米韓の足並みが揃い、また米朝間の対話と交渉が持続的に持たれるという状況は、日本外交にとって、必ずしも居心地のよいものではなかったということになる。それはむしろ北朝鮮に対して、米朝交渉を優先させて日本を孤立化させれば、拉致問題を棚上げにしたままでも日本を国交正常化へと追い込むことができるという誤解を抱かせる危険性があり、日本にとって望ましいものではなかったということができよう。

同時多発テロを受けて、より一層の強硬姿勢をとるようになったブッシュ政権を、宥和姿勢を何とか堅持しながらも、任期後半へ突入してその求心力を弱めていく金大中政権が説得することが困難であることが徐々に明らかになってくると、日本は調整役として米韓両国の間に立ち、日米韓協調体制を確かなものとして維持していくために行動する場を与えられることとなった。そしてそれは、北朝鮮の立場から見ても、日本が米国の北東アジアにおける最も重要な同盟国として、米国の政策展開に一定の影響力を発揮しうる可能性を秘めた存在として、その価値を高めることになったのである。金大中大統領とは異なり、ブッシュ大統領と個人的にも極めて良好な関係を誇る小泉首相の存在は、「第二のイラク化」の恐怖にさいなまれる金正日総書記にとって、期待をかけてみるに値するものであり得たはずである。米国の一貫した強硬姿勢と韓国の影響力の低下が、北朝鮮にとっての日本の存在価値を高め、結果として日本の対北朝鮮交渉能力の向上をもたらしたのである。

そのことは、同時多発テロ後の米国の動きと、小泉首相訪朝へと至るプロセスにおける北朝鮮の動きからも推察される。即ち、小泉訪朝へとつながる日朝接触が北朝鮮からの提起によって始められたのが、同時多発テロ勃発直後の二〇〇一年九月末—一〇月初めであったことが明らかになっている。[8] 翌年一月までは双方の押し問答が続いたものの、ブッシュ大統領によって「悪の枢軸」に名指しされた直後の二月から、北朝鮮は、スパイ活動の容疑で二年以上にわたって抑留されていた元日本経済新聞記者の解放に始まり、赤十字による行方不明者調査事業の再開発表（三月）、日朝赤十字会談（四月）と、相次いで対日関係における新たな動きを見せ、ブルネイのアセアン地域フォーラム（ＡＲＦ）での日朝外相会談（七月）、日朝赤十字会談（八月）、外務省局長級会談（八月）を経て一気に小泉首相の訪朝が固まったのである。[9] そして日朝首脳会談の日程そのものも、同時多発テロ一周年を迎えて、ブッシュ政権が新たな安全保障戦略を体系的にまとめた国家安全保障戦略を発表するタイミングと時を同じくして設定されている。そこには、強まる一方の米国の強硬姿勢に脅威を感じた北朝鮮が、ブルネイでの米朝外相接触を仲介してくれた日本に対して、米国への影響力行使とまではいかずとも、少なくともメッセンジャーの役割を果たしてくれることを期待した可能性を見て取ることができる。他方、米国の説得に腐心する頼みの金大中政権は、任期が残り一年を切るや、身内の不正事件や北朝鮮に対する不正送金疑惑等で日に日に求心力を失い、政権の看板ともいうべき「太陽政策」についても、北朝鮮の核問題をめぐる緊張激化で、保守層を中心にその有効性を疑う声が高まる一方であった。

米国の北朝鮮に対する一貫した強硬姿勢が朝鮮半島をめぐる国際関係を動揺させ、それが図らずも日本の対北朝鮮交渉能力の上昇と北朝鮮の対日交渉能力の低下をもたらして、結果的に日朝首脳会談という「成果」へとつながることになったわけである。

### （4）金正日の政治的決断——対日関係の膠着打開

「悪の枢軸」として名指しされた北朝鮮にとって、国際社会の支持が得られずとも、必要とあらば単独での先制攻撃も辞さないと明言するブッシュ政権の強硬姿勢は最大の脅威である。米国に対して北朝鮮への敵視政策の放棄を求めることは、北朝鮮にとって、まさに国家の安全と金正日体制存続の保証に直結する根源的かつ死活的要求なのである。

しかしながらその米国が、北朝鮮と交渉をする考えはないという姿勢を一向に崩そうとしない状況下では、北朝鮮としては、米国の同盟国である韓国や日本と良好な関係を維持することで、米国が北朝鮮に対して過激な行動に出ることを間接的に抑制していくことが重要な意味を持つことになる。そこで、頼りにしていた金大中大統領が、政権末期のレイムダックに陥って求心力を失いつつあるうえ、「北朝鮮問題」をめぐる米韓間の政策調整の過程で、ブッシュ大統領を説得することに失敗して対米関係をギクシャクさせている一方で、小泉首相はブッシュ大統領とも良好で信頼の厚い関係を維持し続けていた。金正日総書記にしてみれば、少なくともその時点で、米国を直接交渉の場に引きずり出してくるのに力を発揮してくれるという期待が持てるのは金大中大統領ではなく、ブッシュ大統領の盟友としての小泉首相であったものと思われる。そこに、あくまで米国を見据えた対外戦略の文脈の中で、日本との関係改善を図っておくことが有益になるという判断が生まれることになる。ブッシュ政権の有無を言わさぬ強硬姿勢と弱体化して政策推進力を失っていく金大中政権の様相は、米国によるイラク攻撃が「時間の問題」とされていた当時、イラク後の標的にされることを恐れる金正日総書記をして、「拉致問題」で膠着状態に陥っていた対日関係を打開するための「政治的決断」を下させるのに有効な梃子として作用したものと思われるのである。

一方、金正日総書記が対日関係打開の政治的決断を下すに至った二つ目の要因として、二〇〇二年七月から実行に移された国内の「経済改革」措置をあげることができる。北朝鮮が、社会主義の原則を堅持しつつも計画経済の破綻を部分的に追認し、絶対的な物資不足の中でインフレの到来を阻止しながら、配給制の一部廃止や賃金、物価の大幅な引き上げ、企業の独立採算性強化、為替の現実化等を含む大規模な経済改革措置を成功へと導くためには、外部からの資金導入が不可欠であるものと思われる。北朝鮮にとって、そのような大規模な支援の調達を可能にするのは対米関係の打開ではなく、対日関係の打開に伴う日本からの「過去の清算」の獲得以外に考えられないことは明白であった。

さらに、金正日に政治的決断を促した三つ目の要因として、大統領選挙を控えて予断を許さなかった韓国の政治状況をあげることができる。米国によるイラク攻撃が既定事実として語られる中、次期大統領をめぐる情勢は、対北朝鮮宥和政策の見直しを掲げるハンナラ党の李会昌候補が圧倒的優勢を保っていた。ブッシュ政権の登場以来ギクシャクしてきた対米関係を立て直し、米国との協調関係を重視する保守新政権の誕生が見込まれていたわけである。北朝鮮にしてみれば、米国がイラク攻撃を仕掛ける前に、多少のダメージを被り、いくらかの代償を払わざるを得ないことになっても、対日関係を打開させ、国交正常化交渉を再開させておきさえすれば、たとえ韓国に北朝鮮政策の再検討を掲げる保守政権が誕生したとしても、米国は日本を無視してまで北朝鮮に対して思い切った行動に踏み切れはしないであろうという期待が持てることになる。韓国にこれまでの対北朝鮮宥和政策を再考する政権が登場した上に米国がイラク攻撃に踏み切った場合、日本との関係が依然として膠着状態のまま据え置かれていれば、それは北朝鮮から見て、日米韓三か国による対北朝鮮包囲網の形成が現実のものとなる可能性が高まることを意味するのである。

国内の経済状況が逼迫する一方、韓国の大統領選挙を年末に控え、年明け早々にも米国によるイラク攻撃が取り沙汰される状況の中で、北朝鮮に与えられた時間的余裕は決して多いとはいえなかったであろう。そこに、金正日が「拉致問題」や「不審船問題」を率直に認めて謝罪し、再発防止を約束するという少なくない代価を払ってでも、対日関係の打開を図ろうとする「政治的決断」を下すに至る背景を読み取ることができよう。

## Ⅱ　日朝首脳会談の成果と「日朝平壌宣言」の意義

以上のような背景とプロセスを経て実現した日朝首脳会談であったが、その結果は日本社会全体に極めて大きな波紋を呼び起こすこととなった。中でも、最高指導者である金正日総書記自身の口からもたらされた〝八人死亡五人生存〟という「拉致問題」についての「告白」が日本国民に与えた衝撃は計り知れないものであった。その後拉致被害者の「一時帰国」が実現すると、日本のメディアはあげて「拉致一色」となり、日本の国家主権を踏みにじる「国家犯罪」を犯した北朝鮮を厳しく糾弾しながら、拉致被害者やその家族の一挙手一投足をつぶさに報道し続けた。情緒的傾向を強めていく北朝鮮報道の反復は、「拉致問題」と北朝鮮に対する国民的関心を高め、時に煽る結果をもたらした。小泉首相の訪朝が、日本側の要求がほぼ全面的に、いや満額回答以上に受け入れられるという、外交交渉としては異例なほどの「成果」をあげたという事実にもかかわらず、「北朝鮮の許し難い蛮行に対する憤怒」と「日本政府の長きにわたる無為無策に対する憤慨」とが相俟って、今回の首脳会談を「金正日にいいようにしてやられた」などと断罪する、自虐的とも思える論評さえ見受けられるようになったのである。それは、いかにすれば「拉致問題」はもとより、大量破壊兵器や弾道ミサイル等の安全保障問題を解決して国交正常化を果たし、朝鮮半島の緊張緩和と北東アジアの平和と安定を実現することができるのかという、日本にとっての「北朝鮮問題」の核心を踏まえた冷静な議論が展開されているとは到底言い難いものであった。

▲…会談前に握手を交わす小泉純一郎首相と、金正日国防委員長（2002年9月17日）。
［http://www.kantei.go.jp/jp/koizumiphoto/2002/09/17houchou1.html］

「日朝平壌宣言」が、再開することで合意した国交正常化交渉の枠組みを交渉に入る前から提示するという異例の形をとっていることからみても、双方が当初から、早期の国交正常化実現を念頭に置いて一気に交渉を進めていく意向であった可能性をうかがうことができる[10]。しかし、そうしたシナリオは、〝八人死亡五人生存〟の衝撃によってあえなく霧散することとなった。早期国交正常化への期待と意欲は、マスコミからも政界からも一般世論からも一掃されることになったのである。

しかし、そもそも日本が、「危険な隣人」北朝鮮を前にして、「拉致問題」や「不審船問題」等の日朝二国間の懸案だけにとらわれるのではなく、米韓両国はもちろん中ロをも含めた周辺諸国との連携の下、北朝鮮が国際社会に責任あるメンバーとして参入できるよう関与していくことが、何よりも日本と北東アジアの平和と安定に資することは明白である。そうした点を踏まえた時、今回の小泉首相の訪朝が、半世紀以上にわたって国交のない国同士の初めての首脳会談であったにもかかわらず、多くの懸案について、解決への糸口をつかむことに成功した点は正当に評価されてしかるべきであろう。それは、「拉致」や「不審船」の問題だけでなく、北東アジアの平和と安定に直接関わってくる核やミサイル等を含む安全保障上の問題解決に向けた第一歩としても、十分に評価しうるものであったということができよう。

ここでは、そうした点を踏まえた上で、小泉首相の訪朝と日朝首脳会談をもう一度冷静に振り返り、その意義と成果について整理し直してみることとする。それは、今後の日本外交と日朝関係の展開が、朝鮮半島をめぐる和平プロセスの進展と北東アジアの新たな安定的国際秩序の形成に寄与する可能性を探っていくのに、貴重な判断材料を提供してくれるものと思われる。

### （１）「両国首脳による直接協議」が持つ意義

まず第一に、両国の首脳同士による直接協議が実現したという事実そのものが持つ意義について指摘しておかなければならない。

今回の日朝首脳会談が、第二次大戦後半世紀以上が経過したというのに、依然として国交すら持たず、相互に不信感を募らせている隣国の間で初めて開催された首脳会談であったという点を考慮した時、何よりも両国の首脳がテーブルを挟んで向かい合い、互いの立場と関心、政策と懸念を直接表明し合ったという事実がもつ意味は極めて重いということができよう。ましてや、一人の最高指導者にありとあらゆる権力が集中している北朝鮮のような国家においては、それは、最も確実で何ものにも代え難い重要性を持ち得る交渉形式であるといえよう。北朝鮮を相手とする外交交渉においては、「政治的決断」が可能な首脳同士の直接協議こそが最も有益であるとする金大中大統領やプーチン大統領の小泉首相に対する「助言」は、まさにこの点と合致するものである。

日本の立場や見解、主張が、正確かつ具体的に、側近たちによって取捨選択されることなく最高指導者の耳に直接伝わるということは、北朝鮮の譲歩を引き出すうえでも極めて重要であると言うことができる。なぜなら、日本にどれだけ北朝鮮との国交正常化に真剣に臨もうとする意欲があるのか、「拉致問題」が日本国内でいかに重大な問題として捉えられているのか、また日本が核問題やミサイル問題を日本の安全にとってどれほど深刻な問題として認識しているのか等々について、小泉首相の口から直接説明を聞くことは、金正日総書記が対日交渉で下す政治的決断を左右する材料となり得るものと思われるからである。もし万が一、金正日総書記自身が、日本政府の国交正常化に臨む姿勢そのものに対して疑念を払拭することができないでいるとすれば、たとえ北朝鮮が、国交正常化に踏み切れば日本から巨額の経済支援を手にすることができると期待していたとしても、対日譲歩の政治的決断を下すにはリスクが高く、躊躇せざるを得ないことになるであろう。

そうした意味において、今後の両国関係の進展を念頭に置いて考えた時、今回の昼食をはさんで行われた合計わずか二時間半の首脳会談が持つ意味は極めて大きく、過小評価すべきではないものと思われる。

## （2）「拉致問題」の急展開と小泉首相の決断

次に、日朝二国間に存在する「日本国民の生命と安全に関わる問題」、中でも最大の関心事であった「拉致問題」と、それに関わる小泉首相の「決断」についてである。

小泉首相自らが再三にわたって、「拉致問題の解決なくして国交正常化交渉はない」と強調してきたことからもわかる通り、「拉致問題」が今回の首脳会談で議論される中心的課題の一つであったことは疑いのないところである。「共和国に対する侮辱」であるとして問題の存在自体を否定し、交渉の席を蹴って一方的に退席したこともある北朝鮮が首相の訪朝を受け入れたのである。「拉致問題」に何らかの進展がもたらされる可能性が取り沙汰され、[11]マスコミや一般世論はもちろん、一部政界の関心までもが「拉致問題」に集中することになった。小泉訪朝の成功はこの問題の進展如何にかかっているという声さえ聞かれるほどであった。

ところが、実際にもたらされた結果は、日本側の予想を遙かに超えるものであった。外務省はその衝撃の大きさからか、もたらされた情報に適切に対処する準備に欠けていた。北朝鮮側は「拉致問題」という唯一のカードを最大限に活用するため、日本側が求める拉致疑惑事案〝八件一一名〟の安否について、その具体的内容は、「日朝平壌宣言」の文面に合意し、首脳会談当日に小泉首相が平壌に降り立った後、首脳会談に臨む直前になって初めて明らかにすることで、日本側に時間的余裕を与えずに一挙に問題解決を図るという外交的演出を展開した。小泉首相は、金正日総書記に対して強く抗議しつつも、そのような問題を二度と起こさせないためにも日朝関係の改善を図っていく必要があるとして、国交正常化交渉の再開に踏み切る「政治的決断」を下したのである。[12]

小泉首相のこの「決断」に対しては、マスコミや政界の一部からも、「屈辱外交」であると憤慨する声が多く聞かれた。北朝鮮のような国を相手とする交渉においては、最高首脳による直接協議がもつ意味を過小評価すべきでないことは既に述べた通りである。首相自らが乗り込む前に、まずは外相を送って北朝鮮側の腹を探るべきであったという批判に対しては、外相ではなく首相本人が直接交渉に臨んできたからこそ、金正日総書記自身の口から「拉致」という国家犯罪に関する機密が明らかにされたとみるべきであろう。また、共同宣言文の中に拉致について謝罪する文言が含まれていないという批判についても、北朝鮮の政治体制の特殊性を考えると、最高指導者である金正日総書記自身が、日本という「仇敵」に対して、「過去の問題」を清算する前に「拉致」の事実を認めて謝罪し、関係者を処罰して再発の防止を誓ったという事実そのものの方が、「拉致問題」の完全解決に向けた第一歩としても、遙かに重い意味を持つことには疑いの余地がないものと思われる。北朝鮮がこれまで、自らが行った過去の犯罪行為について、非公式にではなく公然と認めて正式に謝罪したことがなかった点を考慮すれば、そうした「政治的決断」を下すことは、金正日総書記にとってもそれ相応の苦痛を伴うものであったと推察されるのである。[13]

また、北朝鮮が「拉致」という国家犯罪を犯して日本の主権を侵害し、日本国民八名の生命が失われたことが最高指導者の口から明らかにされた以上、小泉首相はその場で交渉を打ち切り、席を蹴って帰国すべきであったという批判が聞かれたのも事実である。しかしそれについては、日本がそうした行動に出るにあたっては、それ相応の決意と覚悟が求められるという点を改めて確認しておく必要があろう。即ち、まずは、北朝鮮との関係悪化が取り返しのつかないものとなる可能性を指摘しておかねばならない。日本国内には北朝鮮に対する激しい嫌悪感が蔓延して国民世論は決定的に悪化し、そのような国と正常化交渉をもつことなど容認できないという国民的コンセンサスさえ形成されかねないであろう。

そうなれば国交正常化どころか、北に対する送金遮断を含む「経済制裁」までもが議論の対象となってくることは避けられない。それは、これまで曖昧であった日本の対北朝鮮姿勢が米国と同様に強硬なものへと明確に傾斜していくことを意味することになると思われる。即ち、金正日が「拉致」という国家犯罪を自ら認めたという事実は、米国の言う「テロリスト国家」としての北朝鮮の実態を裏付けたことになるだけでなく、金正日が対日譲歩を余儀なくされたのは、米国の一貫した対北朝鮮強硬政策の成果であると見て自信を深めたブッシュ政権が、「悪の枢軸」に対する攻勢に拍車をかけていくことになる事態も考えられることになる。そしてそれは、北朝鮮をイラク後の標的に浮上させる結果を招きかねず、そうなれば日米同盟を安全保障政策の基軸とする日本も米国に同調することを余儀なくされることになろう。在日米軍基地を抱えた日本には、国土がノドンミサイルの標的となることを承知のうえで、米国とともに対北朝鮮の最前線に立つ覚悟が求められ、それは当然のことながら、同時に周辺事態安全確保法や武力攻撃事態対処法に基づいて対処しなければならない事態の発生を、受けて立つ決意が必要とされることにもなるという点を忘れるべきではないであろう。

「拉致問題」については、北朝鮮からもたらされた情報があまりに衝撃的で痛ましく、その内容についても曖昧な部分が多いことから、それをそのまま素直に受け入れることなど到底できはしないことは確かである。しかしその一方、小泉首相の訪朝によって、北朝鮮がそれまで存在すらも認めようとしなかった「拉致問題」の解決への糸口をつかんだという事実もまた軽視すべきではないであろう。日朝国交正常化とその交渉再開が持つ意味を考えた時、日本としては、取り返しのつかない「犠牲」を無駄にせず、二度と同様の悲劇が起こることがないよう、朝鮮半島に平和と安定をもたらすべく積極果敢に踏み出す勇気を持つこともまた一方で必要であるといえよう。関与し続けることで北朝鮮を変える道は開けても、交渉の道を自ら閉ざしては事態の進展を期待することすらできないのである。

「拉致問題」や「不審船問題」については、首脳会談において、金正日総書記自らが、過去に北朝鮮の特殊機関や軍の一部の者が妄動主義、英雄主義に走って行ったことを率直に認めて謝罪し、既に責任者を処罰したとして、再発の防止を約束したことが明らかにされた。また「日朝平壌宣言」の中でも、「国際法を遵守し、互いの安全を脅かす行動をとらないことを確認」したうえで、「日朝が不正常な関係にある中で生じたこのような遺憾な問題が今後再び生じることがないよう適切な措置をとることを確認」したことが明記されている。これまでの例からみても、北朝鮮がこうした国際協約をきちんと守るかどうかは今後の推移を見届けなければならない。しかし、少なくとも金正日総書記自らが、首脳会談において、今後日本人を拉致することも、工作船を日本に派遣することもしないと約束した事実は揺るぎないものであり、その意味は極めて大きいと言うことができよう。

### （3）「安全保障上の諸問題」についての確認

次に、核兵器開発や弾道ミサイル開発等の問題を含む「安全保障上の諸問題」についてである。

「日朝平壌宣言」の前文において両国首脳は、「日朝間の不幸な過去を清算し、懸案事項を解決し、実りある政治、経済、文化的関係を樹立することが、双方の基本利益に合致するとともに、地域の平和と安定に大きく寄与するものとなる」という共通認識を確認している。このことは日朝国交正常化が、単なる二国間の問題にとどまらず、北東アジア地域全体の平和と安全に関わるものとして位置づけられるという点で両国首脳の認識が一致したことを意味する。

そうした認識の共有を基盤として、両国は「北東アジア地域の平和と安定を維持、強化するため、互いに協力していくこと」を確認し、地域の安全保障に関わる問題について話し合うために、日朝間で「安全保障協議」を立ち上げることで合意した。国際社会の懸案事項である北朝鮮の核開発問題については、金正日総書記が、「関連する全ての国際的合意を遵守すること」を明確にしたほか、日本の安全にとって直接の脅威であるミサイル問題についても、発射のモラトリアムを無期限延長するとの表明がなされた。北朝鮮はこれまで、核問題やミサイル問題は米朝間で解決すべき問題であって、日朝国交正常化とは関係がなく、日朝間で話し合うべき問題ではないとする立場を一貫してとり続けてきた。日本との交渉において安全保障に関わる問題を話し合うこと自体を拒否してきたのである。そうした経緯を踏まえると、このような合意がなされたことはまさに画期的な転換であると言うことができよう。

また首脳会談において、金正日総書記から、米国との対話の門戸は常に開かれている旨、日本からも米国に伝えてほしいとの発言があったことが明らかにされた(14)。核やミサイル等の安全保障問題に関する米国との二国間直接協議を通して、米国から「体制存続」の保証を取り付けようとする北朝鮮に対して、ブッシュ政権は強硬姿勢を崩そうとせず、一向に応じる気配を見せないでいる。こうした現状の下、北朝鮮は、「イラク後」の標的にされる最悪の事態を何としても回避するために、アジアにおける米国の最も重要な同盟国である日本との関係正常化を模索することで、米国が容易に強硬策に出られない環境をつくり、またこれまで当事者として認めてこなかった日本との二国間安保協議に応じることで、小泉政権がブッシュ政権との間を取り持ってくれることに期待を託しての政策転換に打って出たものと思われる。

核やミサイルについて、北朝鮮に何ら「見返り」を与えることのない、「一方的譲歩」を迫る姿勢で一貫している米国とは異なり、過去の植民地支配という「負い目」を抱えた日本との間で、国交正常化交渉の枠内においてそうした問題を処理する場合、そこには、たとえ北朝鮮が一定の譲歩を余儀なくされたとしても、少なくとも米国からは期待することもできない「見返り」を堂々と要求し、それを受け取ることができるという動かぬメリットがあり、それは金正日総書記に「政治的決断」を促す一つの要因ともなり得たものと思われる。北朝鮮にとって最終目的が自らの「体制保証」である以上、それはあくまで「対米問題」であることに変わりはないが、北朝鮮が、日本との間で安保問題を話し合うことによって対米関係の突破口を探ろうとする行動に出てきたものと見ることができよう。

少なくとも、米朝関係が接点を見いだせず、南北関係も停滞を余儀なくされる中で、日本外交が、北朝鮮との直接の安全保障協議を通じて、核開発やミサイル問題等、北朝鮮をめぐる国際的懸案事項解決へのきっかけを掴むチャンスを手にすることに成功したことの意味は小さくないものと思われる。

また、地域の安全保障問題に関して述べられた「日朝平壌宣言」の第四項目では、「地域の関係各国の間に、相互の信頼に基づく協力関係」が構築され、関係が正常化されるにつれて、「地域の信頼醸成を図るための枠組みを整備していくことが重要」であるとの共通認識を確認し、核問題、ミサイル問題を含む安全保障上の諸問題に関しても、「関係諸国間の対話を促進し、問題解決を図ること」が必要であるという点で両国の認識が一致したことが謳われている。これは、関係国間の相互信頼関係の構築と関係正常化の進展という前提条件が付随しているとはいえ、域内関係国による多者間対話の場を整備することが重要であるとする日本の従来の主張に符合するものといえよう。

その後、実際に北朝鮮は、米朝中による「三者協議」を経て、日韓にロシアを加えた「六者協議」の開催に同意したが、その意図についてはなお慎重な分析が求められるのは確かである。ただ何れにしろ、北朝鮮が国際社会への参入に肯定的な動きを見せたことは歓迎すべき兆候であるといえよう。それは朝鮮半島をめぐる安定的な国際環境を形成し、東アジアの新たな安全保障環境を造り上げていく上で、日本も一定の役割を果たしていくことにつながり得る枠組みであるだけに、関係各国との連携のもと、その継続そして定着化に向けて、日本も積極的に働きかけていくべきものと考える。

「日朝平壌宣言」の安全保障問題に関する合意については、生物化学兵器に関する歯止めが全くなされていない点や、ミサイル問題に関して、ミサイル関連技術輸出規制（ＭＴＣＲ）への加入等、開発、生産、配備、輸出を規制する手だてについて言及がなされていない点等、その不十分さを指摘する声も聞かれる。しかし、それらを考慮したとしても、両国首脳が、地域の安全保障上の問題を話し合う枠組みとして、日朝二国間の安保協議の場を立ち上げることに合意し、少なくとも米朝関係が平行線を辿る中で、北朝鮮との交渉を通じて具体的成果が積み重ねられていく可能性を創出したことは事実である。

言うまでもなく、北朝鮮をめぐる安全保障上の諸問題は、日朝だけにとどまるものではなく、北東アジア全体の平和と安定に関わる問題であり、よりグローバルな問題としても捉えられるべき性質のものである。そうした意味においては、日朝両国による安保協議は、単純に国交正常化交渉の一部として位置づけられるものではないであろう。北朝鮮があくまで、米国からの「体制保証」の取り付けを最終かつ最大の戦略目標としていることに何ら変わりがない以上、北朝鮮をめぐる安全保障上の取り決めは、何らかの形で米国を交えた交渉による合意でなければ、実質的に意味を持たないことは明らかである。日本には、米国、韓国と緊密な連携をとりながら、北朝鮮との安保協議に臨む姿勢が求められることになる。

### (4)「過去の清算」問題と「経済協力」についての確認

さらにあげることができるのは、「過去の清算」の問題とその実施方法についてである。

これまでの日朝間交渉において、日本が、植民地支配の清算という「過去の問題」と、拉致問題や核開発問題、ミサイル問題等の「現在の問題」を同時一括処理することを求めてきたのに対して、北朝鮮側は、まず最初に、謝罪と補償によって「過去の問題」を解決することが先決であるとする態度を一貫して堅持してきた。小泉首相は、訪朝の目的について、直接の首脳同士による率直な対話を通じて、日朝間に存在する数多くの諸問題の解決に向けた糸口を見出したいと述べ、過去の問題や拉致問題、安全保障問題等を包括的に協議し、国交正常化交渉再開の可能性を探るとしていた。[15] 北朝鮮側が首脳会談の開催に同意したこと自体が、日本側の主張してきた「一括妥結方式」を北朝鮮側が受け入れる可能性を感じさせるものであった。結果は日本側の予想を上回る内容であった。これまで日本側は、「謝罪と補償」を求める北朝鮮側に対して、日本がかつて北朝鮮と交戦状態にあった事実は存在せず、戦っていない国に対して「賠償」や「補償」を行うということはあり得ないとし、一九六五年の日韓国交正常化時

▲…日朝平壌宣言に署名する両首脳（2002年9月17日）。
[http://www.kantei.go.jp/jp/koizumiphoto/2002/09/17houchou3.html]

と同様の「財産・請求権の相互放棄」と「経済協力」方式によって過去の清算を図ることを主張してきた。北朝鮮はそれを受け入れて日本側の主張に沿った形での協議に応じたのみならず、既述した通り、拉致事件や不審船事件を認めて謝罪し、これまで拒絶してきた日本との安全保障協議にも応じるなど、「現在の問題」との一括妥結方式までも受け入れる姿勢を示したのである。北朝鮮側は、ほぼ全面的に日本側の主張するところまで歩み寄ってきたということができよう。

「日朝平壌宣言」において、日本は、「過去の植民地支配によって、朝鮮の人々に多大の損害と苦痛を与えたという歴史の事実を謙虚に受け止め、痛切な反省と心からのお詫びの気持ちを表明」した。これは戦後五〇年を迎えて発表された村山富市首相（当時）の内閣総理大臣談話を踏襲したものであるが、北朝鮮に対して表明されたのは初めてであり、また小泉首相自らが署名した共同宣言文に明記されたことも、その重みを増すことにつながったものといえよう。日本政府の「過去」をめぐる歴代の発言を踏まえて、北朝鮮側としても、「謝罪」についてはこれ以上望むことが困難であると判断しているものと推察される。

注目すべきは、「日朝平壌宣言」の中で、日本が北朝鮮に対し、「国交正常化の後、双方が適切と考える期間にわたり、無償資金協力、低金利の長期借款供与及び国際機関を通じた人道主義的支援等の経済協力を実施し、また、民間経済活動を支援する見地から国際協力銀行等による融資、信用供与等が実施されることがこの宣言の精神に合致するとの基本認識の下、国交正常化交渉において経済協力の具体的な規模と内容を誠実に協議すること」で合意したという点である。北朝鮮側は「補償」を取り下げ、「日韓方式」に基づく「経済協力」による過去の清算に応じたのである。

日本としては既述の通り、「補償」「賠償」が法的に受け入れられないことに加え、「経済協力方式」が持つもう一つの重要な意義として、経済支援供与後の使途に関して、事実上一定の関与が可能になる点をあげることができる。「補償」「賠償」となれば、それがどのように使われようが、日本の発言権が一切認められないのは当然である。日朝関係の急速な進展に伴う日本からの経済援助が、北朝鮮の大量破壊兵器開発やミサイル開発等、軍事力増強に投入される危険性を指摘する声が上げられていることを考えると、これは重要な成果であるということができよう。

またさらに、ここで見落とすことができないのは、宣言文の中に、経済協力が行われるのは「国交正常化の後」と明記されており、その規模と内容については「国交正常化交渉において」協議するとされている点である。日朝首脳会談と「日朝平壌宣言」の発表によって日朝関係が劇的に動いたことは事実である。しかしここで留意すべきは、だからといって、それが、日本からの経済援助が即座に北朝鮮に投入されることを意味するわけではないという点である。従って、北朝鮮の軍事力強化に使われるのではないかという懸念も杞憂に過ぎないことになる。あくまで経済協力を実施するのは「国交正常化の後」であり、その実施期間も「双方が適切と考える期間にわたり」とされており、また具体的規模と内容については、今後の「国交正常化交渉において」協議していくとされているのである。

つまり、「過去の問題」については、日本が植民地支配について謝罪するとともに、「日韓方式」による経済協力で清算を図ることで双方の合意が成立したことになるわけである。しかも日本側としては、実際に経済協力が行われるのは国交正常化後であり、その金額と内容については正常化交渉の中で協議していくとすることで、安全保障上の諸問題が未解決のまま、日本からの巨額の資金が北朝鮮に投入される危険性について歯止めをかけることに成功したといえよう。「過去の清算」について、北朝鮮側は、日本側の要求をほぼ全面的に受け入れたことになると言っても過言ではなかろう。

## Ⅲ　膠着する日朝関係と日本の対北朝鮮外交

史上初の日朝首脳による直接会談が予想以上の成果をあげたことには疑念の余地がない。金正日総書記は「拉致」を認めて謝罪し再発防止を誓った。核問題に関する全ての国際的合意を遵守することを約束したほか、ミサイル発射の凍結延長も表明した。日本との間で、これまで拒否し続けてきた安全保障協議を行うことにも同意した。過去の清算については、国交正常化後に「経済協力方式」で行うとする日本側の主張を受け容れた。北朝鮮は、「過去の問題」と「現在の諸問題」を一括して妥結させようという日本側の要求に、ほぼ全面的に応じたのである。「日朝平壌宣言」の枠組みに沿って両国の当局間で集中的に交渉を進め、順調に「包括的解決」が図られれば、国交正常化が一気に視野に入ってくる可能性も十分にあったということができよう。

ところが実際には、首脳会談での合意に基づいて再開された正常化交渉は、二〇〇二年一〇月末にクアラルンプールで第一二回本会談が開かれただけにとどまり、その後全くの膠着状態に陥ってしまった。一旦は一一月中に立ち上げることで合意した「日朝安全保障協議」についても、開催の目処も立たない状態が続いている。原因は、首脳会談において北朝鮮側から提示された〝八人死亡五人生存〟という拉致問題の「結果」が、あまりに衝撃的だったことによる日本国内の対北朝鮮世論の急速な悪化と、二〇〇二年一〇月の米朝高官協議後に米国によって明らかにされた、北朝鮮のウラン濃縮プログラムという新たな核開発計画の発覚であった。

日本としては、北朝鮮との二国間交渉が再び膠着状態に陥ってしまった以上、米韓両国との緊密な連携のもと、中ロまで視野に入れた関係諸国による多国間アプローチに関係打開の糸口を探るほかないであろう。しかしそれにしても、北朝鮮との交渉において、容易に妥協できるような状態にはとてもないのが日本の実情である。「拉致問題」への国民の関心は極めて高く、また「核問題」は日本の国家安全保障に直結する重大な問題であるだけにとどまらず、大量破壊兵器の拡散防止という観点から、グローバルな意味合いにおいても深く憂慮される深刻な問題である。多国間協議が実現しても、その前途は極めて険しいと言わざるを得ない所以である。

米朝関係が平行線をたどる中、再び膠着状態に陥った日朝関係の現状と日本の対北朝鮮外交について考え直してみることとする。

## （1）「包括的妥結」の挫折と膠着する日朝関係

小泉首相は、日朝首脳会談直後の記者会見において、「これで日朝間の諸懸案が解決したわけではありません。重大な懸念は引き続き存在します。しかし、諸問題の包括的な促進が図られる目処がついたと判断しました。問題解決を確かなものとするためにも、正常化交渉を再開させることと致しました」と述べ、正常化交渉を通した「過去の問題」と「現在の問題」の包括的解決へ向けて自信をのぞかせた。[16]

ところが、その後、クアラルンプールで再開された国交正常化交渉は、「拉致問題」を最優先課題とする日本側に対して、国交正常化それ自体と「経済協力」の問題が中心的議題であるとする北朝鮮側の意向が噛み合わず、交渉は互いの見解の差を確認しただけで進展をみることなく終了した。首脳会談で合意したはずの「日朝安全保障協議」の開催も、次回本会談の日程も決められないまま、両国関係は再び停滞に陥ることを余儀なくされたのである。

日本側が最優先課題とした「拉致問題」については、「一時帰国」した五人の被害者と北朝鮮に残されたその家族の取り扱いをめぐり、「自由な意思決定を行える環境の設定が不可欠」であるとして、家族の早期帰国の実現を求めた日本側に対し、北朝鮮側は、「帰国は被害者本人及びその家族の意思によるべきものである」とし、被害者五人を「約束」通り一旦北朝鮮に戻すべきであると主張して、双方の意見の違いが確認された。生存が確認されていない被害者についても、日本側は事実解明を強く要求した。「安全保障上の問題」に関しては、日本側から「ウラン濃縮プログラム」の内容公表と検証可能な方法による即時撤廃等が要求されたほか、ミサイル問題についても、日本を射程に入れる配備済みノドンミサイルの廃棄等が求められたが、北朝鮮側は、核、ミサイル問題は何れも、米国による対北朝鮮敵視政策が問題の本質であり、日本の憂慮は承知しているし日本とも議論はできるが、「解決は究極的には米国との協議によってのみ可能である」とする立場を強調した。「過去の問題」と「現在の諸問題」を包括的に一括処理することで、正常化交渉を一気に進める方向で一致していた両国の思惑は早くも頓挫してしまったのである。[17]

両国の思惑に狂いを生じさせたのは、拉致被害者〝八人死亡〟という想像を超える衝撃的事実と、濃縮ウランによる新たな核開発プログラムの表面化であった。首脳会談後の日本の国内世論は、日本が国交正常化交渉において、「拉致問題」の真相解明を差し置いて、他の問題を進展させることを困難にしていた。実際日本は、交渉に臨むにあたって、「まず、拉致問題を日朝間の諸懸案の最優先課題として取り上げる」とした上で、「日本及び国際社会の重大な懸念である核問題及びミサイル問題を含む安全保障上の諸問題」については、「日朝安全保障協議の立ち上げについても合意するよう努める」とする基本方針を掲げざるを得なかった。[18]それは再び、「拉致問題」の解決を国交正常化に向けた事実上の前提条件とみなすとも受け取れるものであった。また「安全保障上の問題」については、「日朝平壌宣言」で合意した「安全保障協議」の立ち上げよりも、その後新たに発覚した濃縮ウランによる核開発プログラムを阻止することが何よりも求められた。それは「南北非核化共同宣言」[19]はもちろん、「関連する全ての国際的合意を遵守する」と明記した「日朝平壌宣言」にも明らかに反するものであった。

即ち、日本側は、「新たな核問題」と「拉致問題」の真相解明なくして、国交正常化自体や経済協力に関する話し合いには入れないという立場を事実上とらざるを得なかったのである。包括的一括妥結方式からの「後退」であるといえよう。北朝鮮側は、自らが日本側の主張に応える形で合意を見た当初の方針通りに、正常化交渉では、拉致問題や安全保障問題等の「現在の問題」だけでなく、経済協力による「過去の問題」の清算にも包括的に取り組むべきであると主張したが、「拉致問題」での予期せぬつまずきと、全く新しい核開発プログラムの発覚という「現在の諸問題」の新たな展開は、包括的な同時一括妥結を困難にしていた。状況は明らかに変わったのである。クアラルンプールでの日本の姿勢は、北朝鮮に対して、「現在の問題」と「過去の問題」を包括的に処理するという日朝首脳会談での合意を疑問視させる結果をもたらしたものと思われる。

小泉訪朝直後の一〇月初めに実現したケリー国務次官補の訪朝において、北朝鮮に対して一方的譲歩を迫る米国の態度に何ら変わりがないことが判明し、また朝鮮半島エネルギー開発機構（ＫＥＤＯ）理事会も米国の意向を受ける形で、北朝鮮への重油供給を一二月から停止することを決定した。これらの事実は、北朝鮮から見ると、ある程度の打撃を覚悟して小泉訪朝を受け入れ、拉致の事実を認めて謝罪したというのに、日本には米国を説得したり、米国の意志や行動に影響を与えたりする力がないことを示すものとして受けとめられた可能性を否定できない。日本は、北朝鮮政策をめぐる日米韓三国協調体制の中では、三か国が対等な立場でそれぞれの見解の違いを調整しながらコンセンサスを形成しており、それにあたっては、日本がイニシアティブをとって影響力を発揮し政策調整を図ることも可能であることを示すことができなかった。

一方的譲歩による全面降伏か不服従に伴う戦争決着かという両極端の二者択一を迫った米国の対イラク強硬姿勢は、イラク後の標的とされる恐怖に怯える「悪の枢軸」北朝鮮にとって、まさに他人事ではなかった。そうした中で、北朝鮮は、日本に対して、両極端な選択肢の間に米朝間の歩み寄りの着地点を準備してくれることを期待していたと思われる。そのような北朝鮮にとっては、もし、日本が単なる米国の「御用聞き」に過ぎず、また「拉致問題」で身動きがとれず、経済協力についても話し合おうともせずに国交正常化交渉が進展する見込みが持てないのであれば、日本と交渉をしても何ら意味がないことになるわけである。

小泉首相の訪朝と「日朝平壌宣言」という成果を勝ち取ったことで、日本は対立を深めていく米朝両国間で調整役を果たせる機会を手にしたはずであった。しかし、国内世論の厳しい突き上げという現実に直面した日本外交は、その柔軟性を失い、「拉致問題」の進展が交渉再開の事実上の前提条件であるかのような状況へと再び陥ってしまった。また、北朝鮮による新たな核開発プログラムの発覚は、米国をはじめ、中国、ロシア等も含めたグローバルな問題として国際社会の懸念を呼び起こしており、到底日朝二国間の協議で解決できるような単純なものではない。日本にとっては、その何れの問題においても妥協できる余地は極めて小さく、日朝関係は大きな難関に直面しているというのが実情である。

### （2）小泉首相の誤算と高まる緊張

小泉首相は日本の対北朝鮮外交について、日朝首脳会談直後に平壌で行われた記者会見の場で、「北朝鮮のような近い国との間で、懸念を払拭し、互いに脅威を与えない協調的な関係を保持することは、日本の国益に資するものであり、政府としての責務である」と強調した。そして「日朝関係の改善は、単に両国の利益だけではなく、朝鮮半島と北東アジア地域の、ひいては国際社会の平和と安定にも大きく関わってくる問題」であり、「お互いが関係正常化に向けて踏み出すことによって、地域と国際社会の平和と安定の基盤づくりに貢献していくことは、政治家として大変やり甲斐のある仕事であり、努力していかなければならない課題」であると述べている。日本にとっての対北朝鮮外交の目標は、まず何よりも、北朝鮮の脅威を除去し日本の安全を確保することであり、それは同時に朝鮮半島の緊張緩和を意味し、また北東アジアの平和と安定にもつながるというわけである。そしてその上で小泉首相は、『日朝平壌宣言』の原則と精神が誠実に守られれば、日朝関係は敵対関係から協調関係に向けて大きな歩みを始めることになる」と自信をのぞかせ、「日米韓三か国をはじめとする関係諸国が緊密に連絡をとり、朝鮮半島の緊張を緩和し、この地域の大きな平和をつくっていきたい」として、日本のイニシアティブ発揮に意欲を示したのである[20]。

「日朝平壌宣言」において北朝鮮は、朝鮮半島の核問題に関連する全ての国際的合意を遵守することを明確にし、ミサイル発射の凍結延長を表明したことに加え、地域の安全保障問題について話し合う「日朝安全保障協議」の開催にも合意した。また、「過去の清算」についても、国交正常化がなされた後に「経済協力」の形で行うことで合意するなど、「日朝平壌宣言」は、「北朝鮮問題」をめぐる日本外交の当面の目標と問題点を、とりあえずはほぼ完全にクリアできる可能性を十分に秘めていたはずであった。ところが、「拉致問題」をめぐる誤算と新たな核開発プログラムの発覚によって、日朝国交正常化の早期実現と対米直接交渉の再開に失敗した北朝鮮は、その後、核施設の凍結を解除し、NPT脱退を宣言するなど、米国と国際社会を刺激する「瀬戸際政策」を次々と打ち出し、強硬姿勢を崩そうとしない米国との間で緊張は高まっていった。

米国は、北朝鮮の求める二国間協議を拒否しながらも、依然として不安定なイラク情勢を抱えて、「北朝鮮の核開発問題については外交的手段によって平和的に解決する」との方向性を堅持している。しかしその一方で、「三者協議」や「六者協議」へと至る過程を通しても、北朝鮮の出方によっては、国連における経済制裁という新たなステップに進まざるを得ず、さらには軍事オプションを含むあらゆる選択肢をも排除しないとする立場を繰り返し表明することを忘れていない。北朝鮮の対応如何によっては、核関連施設に対する外科手術的攻撃に踏み切る可能性も依然として否定できないのが実情であろう。北朝鮮は「世界最大のミサイル輸出国」「主要な弾道ミサイル供給源」[21]とされ、「米朝合意枠組み」に基づく核施設の凍結を一方的に解除してNPTを脱退し、公然と核開発に踏み出したのである。「テロとの闘い」を最優先する米国の強硬な立場から見ると、共に「悪の枢軸」であるイラクと北朝鮮の問題は、大量破壊兵器の拡散防止という共通の土台の上で連動し得るものであることを忘れるべきではないであろう。

無論、米国による軍事作戦が外科手術的な限定攻撃にとどまったとしても、いったん戦端が開かれれば北朝鮮の反撃によって戦闘が拡大しエスカレートしていく可能性は排除できず、在韓米軍を含む多大な犠牲を覚悟しなければならないことは言うまでもない。また、無条件に軍事衝突回避を最優先する方針で一貫している韓国と、核やミサイルは許容できないものの、同盟国による隣国での軍事行動には消極的にならざるを得ない日本の立場を考えると、米国による先制的軍事行動は、「北朝鮮問題」をめぐる日米韓協調体制そのものに亀裂を生じさせる結果をもたらすことが避けられないであろう。しかし、そうした点を考慮した上でもやはり、金正日という指導者と金正日体制そのものに不信感を隠さないブッシュ政権が、北朝鮮を武装解除させるだけにとどまらず、一気に力による体制変更を図ろうとする可能性についても、考えておく必要があるものと思われる。「ならず者国家」やテロリストが大量破壊兵器を手に入れて、米国や同盟国に危害を加える事態を未然に防ぐためには、単独による先制攻撃も辞さないとするのがブッシュ・ドクトリンであり、少なくとも、その安全保障戦略の枠内においては、イラク問題と北朝鮮問題は十分に連動し得るのである。

### (3)「北朝鮮問題」と日本の対北朝鮮外交が求めるもの

こうした不安定で流動的な状況の中で、朝鮮半島情勢の新たな展開をにらみながら、日本は、緊張を緩和し、自らの安全と北東アジアの安定を手にするために、どのように振る舞うべきで、またいかなる準備を整えておくべきであろうか。それは当然のことながら、最終的には、日本が北朝鮮に対してどこまで望むのか、日本にとって「許容できる北朝鮮」のボトムラインをどこに引くのかにかかっているといえよう。即ち、北朝鮮が民主国家として国際社会の責任ある一員に生まれ変わるという長期的課題は別にして、現在の金正日体制の北朝鮮に対して、日本は、地域の安定を阻害する政策の変更を求めることにとどめるのか、それとも政権の転覆によって一気に体制転換を実現するところまで踏み込むのか、換言すると、金正日体制そのものの存続を受け容れるのか否かが問われることになるのである。

「北朝鮮問題」に有効に対処していくためには、日米韓三国が協調体制を堅持していくことが何よりも重要であることは言うに及ばない。しかし、三国の置かれた状況が異なる以上、それぞれが重点を置くポイントにも差が出てくるのは当然であり、その意見調整を如何にして図っていくのかが問われることになる。韓国は、北朝鮮と軍事休戦ラインで対峙する分断の当事国として、何があっても全面戦争への危険が伴う軍事衝突は避けなければならず、対話路線だけは堅持しなければならないとするスタンスで一貫している。また米国は、「テロとの闘い」において、大量破壊兵器の拡散防止のためには、圧倒的な軍事的優位を背景に、いざとなったら力の行使もためらわないとする強硬姿勢を崩していない。

そうした両国の間で、日本の立場は、北朝鮮の核開発やミサイル開発が自国の安全保障に直結する深刻な問題である以上、戦争さえ起きなければそれでよいというわけには断じていかないのは当然である。しかしその一方で、太平洋を隔てた米国とも事情は異なり、隣国の北朝鮮で軍事衝突が発生した場合、日本は、日米安保条約と周辺事態安全確保法に基づいて、米国の軍事行動を最大限支援することが求められるとともに、在日米軍基地を抱えて、国土がノドンミサイルの標的となる事態を覚悟しなければならないことから、武力攻撃事態対処法に基づく対処が必要となるものと思われ、政治的にも、軍事的にも、そして経済的にも甚大な影響を被ることが想定され得るのである。そうである以上、日本としては、たとえ大量破壊兵器の拡散防止のためとはいえ、朝鮮半島での米国による軍事行動もまた容認し難いというのが正直なところである。だからこそ、米韓両国の間に立って、立場の違いからくる意見の相違を調整する役割が日本に求められるわけである。

以上のような点を考慮すると、日本にとって、現在の金正日体制の北朝鮮が大きな脅威である以上、民主国家として生まれ変わってもらうことが何よりも理想的であることに疑いはない。しかしそうとはいいながら、北朝鮮の突然の崩壊がもたらす計り知れない衝撃を、その後いかなる形で吸収しなければならないのかについて考えた時、それは政治的にも経済的にも、日本にとっては必ずしも歓迎すべき展開であるとは言い難いであろう。ましてや、米国による軍事力の行使に加担してまで、金正日体制の転覆を力ずくで実現させようとするのは、日本にとって得策ではないものと思われる。日本としては、やはり、将来の段階的な体制転換を念頭に置きつつも、まずは「日朝平壌宣言」での合意に沿って、地域の信頼醸成を図るための多国間の枠組みを整備し、その中で北朝鮮の対外政策と軍事戦略の漸進的変更を粘り強く働きかけていくことが、現存する北朝鮮の脅威を実質的に削減していくことにつながり、長期的にも日本の国益を最大限に確保することができる道ではないかと思われるのである。

「三者協議」や「六者協議」の枠組みを通した中国やロシアの「北朝鮮問題」に対する積極的な関与姿勢からは、より長期的視野に立った上での北東アジアの安全保障秩序の形成にあたり、米国がその影響力を独占的に行使する事態を回避しようとする思惑もうかがわれる。日本のイニシアティブによって「北朝鮮問題」が膠着状態を脱する契機を演出することができれば、それは将来の北東アジアの安全保障環境を形成していくのに日本が一定の発言力を確保することにつながるであろう。米中ロの三大国による朝鮮半島を取り巻く新たな秩序形成のプロセスに、日本が発言力をもって関与することの意義は小さくないものと思われる。

## Ⅳ 「北朝鮮問題」の展開と日本外交の可能性

対米「瀬戸際外交」を進める北朝鮮の次なる一歩は、イラク戦争の帰趨に大きく左右されるものと思われていた。そして、米英軍の圧勝という結果に追い詰められた北朝鮮は多国間協議を受け入れたが、その主張には何ら変化が見られず、「北朝鮮問題」は中国に日韓両国、ロシアを交えて長期化の様相を見せ始めた。「拉致」という二国間問題を抱えたまま、「核問題」を共通の関心事とする多国間協議に臨むことになった日本は、朝鮮半島を舞台として米中ロの思惑が複雑に交錯する中で、「北朝鮮問題」の解決と北東アジアの安定的秩序構築の為にいかなる役割を果たすことができるのであろうか。イラク戦争後の北朝鮮をめぐる事態の展開を踏まえた上で、今後を展望しながら日本外交の可能性について考えてみることとする。

### （1）イラク戦争後の「北朝鮮問題」の展開と多国間アプローチ

二〇〇三年四月一〇日、イラクの首都バグダッドが陥落し、二一日間に及んだ「イラク戦争」は事実上米英軍側の圧勝に終わった。イラク同様、米国によって「悪の枢軸」と名指しされた北朝鮮にとって、米国の圧倒的軍事力の前にあえなく瓦解したフセイン政権の姿は、まさに他人事では済まされないものであった。

勢いづく米国からの、強まってくる圧力をかわすために、北朝鮮は素早い反応を見せた。中国を交えた米国との「三者協議」（北朝鮮側は〝北京朝米会談〟と呼称[22]）の開催を受け入れたのである。その背景としては、北朝鮮を追い込むのは得策ではなく、米国は二国間直接交渉に応じるべきとして、北朝鮮の主張に理解を示していた中ロ両国と、直接対話実現のために米朝間の仲介役まで買って出ていた韓国の盧武鉉新政権が、米国の主張する多国間協議の開催支持へとその態度を変えたことがあげられよう。とりわけ中国が、九三年の北朝鮮核危機の際とは対照的に、「北朝鮮問題」をめぐって活発かつ建設的な役割を積極的に担う姿勢に転じ、表立って仲介役を引き受けたことの意味は小さくないものと思われる[23]。それは、米国から見たとき、北朝鮮の核問題の解決プロセスに中国を取り込んだことを意味し、言い換えると、中国が北朝鮮の核問題に一定の責任を負うことを受け入れたことになるわけである。北朝鮮に対する中国の影響力行使への期待は高まり、多国間の説得が可能な体制作りが一歩前進したものとみることができよう。

ところが「三者協議」において、北朝鮮側が、「朝米双方の憂慮を同時に解消することができる新しくて寛大な方途」を提示したにもかかわらず、米国側が、北朝鮮があらゆる核開発計画を一方的に完全放棄しない限り、交渉や取引をする意思はないとする「先核放棄」の大前提を譲る気配を見せなかったことから、大幅な譲歩を余儀なくされるであろうとの大方の予測に反して、北朝鮮は更なる緊張激化戦略を打ち出してきたのである。即ち、使用済み核燃料棒の再処理をほぼ完了したとして、兵器級プルトニウムの抽出を示唆したり、核兵器の保有を認めた上で核実験の実施や他国への輸出をほのめかす等、挑発的行動に出てきたわけである。唯一自らの体制を崩壊させる意図と能力を持ちうる米国から「体制保証」を取り付けるための取引を迫る、なりふり構わぬ「脅迫外交」に打って出たということができよう。協議は結局、それぞれが厳しく対立して原則的な主張を繰り返すだけにとどまり、「仲裁役」の中国の努力にもかかわらず、次回以降の協議継続さえ不透明なまま声明などの発表もなく終了することとなった。

北朝鮮の「瀬戸際政策」の激化によって米朝間の緊張の水位が高まりを見せる中、日米韓三国は相次いで首脳会談を開催して対北朝鮮政策のすり合わせを行った。そして北朝鮮の核兵器保有を容認しないことを確認して、全ての核兵器開発プログラムの完全かつ検証可能な後戻りできない形での廃棄を北朝鮮に求めることで一致したのである。盧武鉉政権発足後初めての米韓首脳会談は、盧武鉉大統領が対北朝鮮宥和の「太陽政策」を継承し、「互恵と対等」を志向する新たな対米関係の構築を唱えて当選したという経緯から注目を集めた。両国首脳は、核問題の平和的手段による解決を目指すと表明しつつも、脅威が増大する場合には「追加的措置」(further steps)の検討が必要となる点に留意するという立場を明確にした。[24] 続く日米首脳会談では、北朝鮮が事態を更に悪化させれば「一層厳しい対応」(tougher measures)が必要になるとして、米韓共同声明より強い警告とも受け取れる表現が使われた。小泉首相は、あらゆるオプションを排除しないとする米国の立場を理解すると述べながらも、同時に、北朝鮮とイラクの違いを強調し、平和的解決の重要性について繰り返し言及することで、対話を重視する韓国への配慮を示した。[25] その後の日韓首脳会談で両国首脳は、北朝鮮がこれ以上事態を悪化させる行動をとらないよう強く求めながら、米韓・日米首脳会談において合意した原則を再確認し、三か国の連携を強めていくことで合意したが、一方で、平和的・外交的解決のための手段として、「対話」と「圧力」のどちらにより重きを置くかで立場の差を表面化させた。[26]

米朝中三か国で始まった「北朝鮮問題」をめぐる多国間協議は、日韓を加えて五者とすべきとする米国の要求に、ロシアを加えるべきとする北朝鮮の主張を取り入れて、「六者協議」という形で再開されることになった。国民の関心が極めて高い「拉致」という二国間問題を抱えて多国間協議の場に臨まなければならない日本外交が、困難な立場に置かれる可能性を否定することはできない。一連の首脳外交の場で小泉首相は、拉致問題の重要性を力説して各国の支持と理解と協力を勝ち取り、「拉致問題の国際化」に成功した。[27] 日米首脳会談において、拉致被害者の行方が一人残らず解明されるまで日本を完全に支持するというブッシュ大統領の言葉を引き出したのは、日本外交の大きな成果と言うことができよう。[28] しかしその一方で、「六者協議」の場で、将来的に、各国の主たる関心事である北朝鮮の核問題をめぐって何らかの合意が成立し、平和的解決へ向けた大きな枠組みが形成された場合、日本だけがその流れに逆らうことは極めて困難なものと思われる。即ち、「拉致問題」が未解決でとり残されたまま核問題のみが進展する形で、その枠組みを機能させるための協力を余儀なくされるケースも想定されるのである。そのような事態を招かないための粘り強い外交努力が求められることは言うまでもないが、日本を除く他の五か国にとっての最大の関心事が、核問題であることに疑いはないだけに、日本外交が難しい政治的決断を迫られる展開もあり得ることだけは念頭に置いておくべきであろう。

### （2）「北朝鮮問題」の今後と日本外交の可能性

以上のような「北朝鮮問題」をめぐるこれまでの展開と現状を踏まえて、日本は今後、自らの安全確保はもちろん、朝鮮半島の緊張緩和を実現し、北東アジア地域の平和と安定的秩序を構築していくうえで、いかなる役割を果たすことができるであろうか。「北朝鮮問題」の今後と日本外交の可能性について展望してみることとしたい。

「北朝鮮問題」に効果的に対処するためには、日米韓三か国の緊密な連携が不可欠であることは言うまでもない。これまでにも、日米韓三国調整グループ（ＴＣＯＧ）を通して頻繁に政策調整が行われてきたのをはじめ、日米、米韓、日韓の各首脳会談の場でも意見の突き合わせが行われ認識の共有が図られてきた。ただし、首脳会談の結果に表れた微妙な表現の差違からもみてとれるように、各国の立場と利害の違いからくる認識の格差は否定できないのが現実である。「あらゆるオプションをテーブルの上に置く」として、軍事力の行使も辞さない姿勢を堅持する米国に対し、日本はその立場を理解するとしながらも、韓国と共に平和的手段による問題解決への確信を再三にわたって強調している。北朝鮮が状況をさらにエスカレートさせた場合の対応についても、漠然とした大枠では三国が何とか一致できているものの、北朝鮮が実際に「一線」を越えてしまった場合、「追加的措置」と「一層厳しい対応」という表現の微妙な違いに現れた認識の差が具体化し、三国間の摩擦や対立として表面化する事態も十分に想定し得るものである。

そうした中、グローバルな視点を重視する立場から、ややもするとユニラテラリズムに走りかねない米国と、分断の当事国としてローカルな視点に立たざるを得ない韓国の間で意見を調整し、三か国の協調体制を崩さずに足並みを揃えていくための役割が、リージョナルな問題意識と利害を持つ日本に期待されることになる。日本は、米国と同様に断じて北朝鮮の核開発を容認することはできないが、その一方で隣接する朝鮮半島での軍事衝突の勃発は何としても回避したいという立場を韓国と共有している。

「反米・親北」で象徴される若年層の支持を得て当選した盧武鉉大統領は、北朝鮮の核問題や在韓米軍の再編・配置転換問題、それに国軍のイラク派兵問題等をめぐって、選挙期間中に主張した「互恵と対等」に基づく対米外交を展開できないでいる等として支持勢力の離反を招いている。就任一年目であるにもかかわらず、歴代政権に比べて支持率の下落傾向が著しい現実を見た時、盧武鉉大統領の韓国の動向は、米韓関係と日米韓協調にとって、「変数」であり続けると見なさざるを得ない。そうした点を踏まえても、米韓両国の思惑が一致せず、関係がギクシャクすればするほど、「調整役」として期待される日本の役割は増大していくものと見ることができよう。

北朝鮮が求めているのは、自らを「悪の枢軸」と名指しし、単独の先制攻撃も辞さないとする米国から「体制保証」を取り付け、金正日体制の存続を図ることである。ところが、朝鮮半島の「核問題」は当事者である米国と北朝鮮の二国間で話し合うべきとする北朝鮮に対して、まずは北朝鮮が全ての核開発計画を放棄することが前提であり、それなくして北朝鮮との間で交渉したり取引したりする考えはないとする米国のスタンスは一貫している。「六者協議」の開催が決まったとはいえ、協議に臨む米朝両国の基本的姿勢に変化はなく、その主張は平行線をたどったままで、膠着状態を脱するような劇的な進展は望めないのが実情である。北朝鮮としては、何とかして頑な姿勢を崩さない米国に働きかけて、自らの体制保証を勝ち取るべく、硬軟織り交ぜた外交戦術を展開してきたが、その成果が思うようにあがっているとは言い難い。追い詰められた北朝鮮に残された方策は決して多いとは言えないであろう。

北朝鮮にとっての日本を考えてみた時、二国間関係においては、間違いなく、関係正常化に伴って多額の経済支援を「過去の清算」として獲得することができる相手として大きな意味を持っていることは言うに及ばない。一方、対米関係の文脈において見た日本は、北朝鮮がその「体制保証」を取り付けることができる唯一の対象国である米国と極めて良好な関係を誇り、その東アジア戦略においても核心的な比重を占める国として、大きな意味を持つ存在であると言うことができよう。既に述べた通り、小泉首相訪朝と日朝首脳会談の実現は、米国との直接交渉が叶わない状況に置かれた北朝鮮にとって、米国へと至る有効なルートのうちの一つが日本であることを示唆している。

「拉致」の衝撃は日本外交から柔軟性を奪う結果を招いたが、ギクシャク感を払拭できないでいる米韓関係をよそに、イラク戦争以降、蜜月度をますます深めていく日米関係の順調さには特筆すべきものがある。テキサス州クロフォードのブッシュ大統領の私邸牧場で開かれた日米首脳会談において、小泉首相は破格の歓待を受け、その内容においても、これ以上ない大きな成果をあげることに成功した。朝食後の大統領に対する定例インテリジェンス・ブリーフィングに小泉首相が招かれたという事実は、両国の蜜月度と両首脳の親密ぶりを内外に誇示して余りあるものだった。

日本には、こうした濃密で充実した対米関係を、関連諸国間での「北朝鮮問題」をめぐる発言力の向上に結びつけていく工夫が求められることになる。即ち、北朝鮮が米国から「体制保証」を得ることをその目標としている以上、少なくともそのためには、日米韓三国協調体制が、事実上米国に牛耳られた名ばかりのものではなく、その中で日本が強硬な姿勢を崩そうとしない米国に対しても一定の発言力を持つ存在として、三国のコンセンサス形成に関与し影響力を発揮しうる立場にいることを、機会ある毎に地道に示していく必要があるといえよう。それは同時に、北朝鮮に対する交渉能力の向上をもたらすことになるからである。その意味で、強硬な米国の姿勢と、対米関係の動揺を抑えきれないでいる韓国の存在は、逆説的ではあるが、日本に対して、「北朝鮮問題」の膠着打開のチャンスを与えてくれるかも知れないのである。

さらに、日本にとって、「日朝平壌宣言」において既に合意した、国交正常化後に実現する北朝鮮への「経済協力」が大きな梃子となることは言うまでもない。北朝鮮は、日本の要求に応じて「拉致問題」を解決に導き、大量破壊兵器やミサイルの開発を断念して、敵対的で攻撃的な対外行動を改めることで、日本との国交正常化を果たし、巨額の「経済協力」を獲得することができるのである。またそれは、その使途について、日本が一定の発言力を確保することにつながり得るだけに、ひいてはそこに、「経済協力」を通して北朝鮮の経済体制を少しずつ改革開放に導き、将来の漸進的な政治体制の変化を促すことに日本が間接的に関与できる可能性を見出すこともできるのである。

ただそれだけに、日本としては、「拉致問題」の真相究明を前提条件として前面に押し立て、その完全解決がなされるまでは、その他の実質的交渉には応じられないとする頑なな姿勢に終始するのではなく、安全保障上の諸問題や、正常化後に実施される経済協力の規模や内容、その実施方法等について、北朝鮮側の要望にも耳を傾けながら具体的な協議を進めていくことで、北朝鮮側の国交正常化に対する期待値を引き上げていくことも必要であろう。そうすることこそが、日本の北朝鮮に対する最大の梃子である「経済協力」の有効性を高めることにつながり、結果として拉致問題解明に向けた具体的進展をもたらすことにもつながり得るからである。日本にとって「拉致問題」が重要な案件であることに疑いはない。しかし、現状では、二国間交渉でそれだけを取り上げても、問題を前進させることが難しいのが実情である。そうした点を勘案すると、「六者協議」のような多国間協議の場で相互の信頼醸成を図りながら、核問題をはじめとする北朝鮮に関わるその他の問題と共に「包括的解決」を図るべく取り組んでいくのも有効なアプローチの一つであるということができよう。

## おわりに

一九九三～九四年の核危機において、北朝鮮は、南北高位級会談に見切りをつけ、日朝国交正常化交渉も打ち切り、敢えて孤立の道を選んだ上でＮＰＴ脱退を宣言する「瀬戸際外交」に踏み切ることによって、米国を交渉の場に引きずり出すことに成功し、「米朝合意枠組み」という成果をあげた。ところが今回は、史上初の南北首脳会談を開催して南北関係を劇的に進展させ、小泉首相の訪朝を受け入れて日朝関係の打開も図り、中ロ両国とも首脳の相互訪問を行って関係を修復させた上で、さらには、新たな核開発計画まで認めて緊張を高める挙に出たというのに、肝心の米国は強硬な態度を改めようとしてこない。同時多発テロを経て、単独先制攻撃も辞さないとするブッシュ・ドクトリンの下、イラク戦争に踏み切った米国は、「悪の枢軸」と名指しした北朝鮮の「大量破壊兵器」の開発を梃子とした「瀬戸際政策」に、いつまでも悠長に構えていられるほどの寛大さを持ち合わせているようには思えない。

「反テロリズム」の国際秩序は、「大量破壊兵器の拡散防止」という共通項の下で、北朝鮮問題をイラク問題と連動させている。北朝鮮の核開発問題は、リージョナルな問題からグローバルな問題へとその性格を多重化させたのである。グローバルな問題意識から、北朝鮮に「見返り」を与える交渉を拒否する米国と、「体制保証」の確約を得るために瀬戸際政策を展開していく北朝鮮は、互いの接点を見出せないまま膠着状態を脱することができないでいる。米国の当面する主たる関心が、混迷するイラク問題であることに疑問の余地はないが、北朝鮮の核問題をめぐる危機の水位が、決して低下したわけではないことは確かである。

日本が北朝鮮の核兵器保有を容認せず、かつ米朝の軍事衝突を望まないのであれば、認識の多くを共有し得る韓国と共に、米朝両国が危機の水位を読み違えることのないよう説得する真摯な努力が求められる。そのためには、韓国との信頼関係の構築が前提となることは言うまでもない。ただしそれに際しても、日韓両国には、外交的手段による平和的問題解決に向けて最善を尽くしつつも、同時にそれが失敗に終わった場合には、軍事力を用いた解決手段に訴える方向へ傾斜していく米国を、いつまでも容易に抑え続けることができるわけでは必ずしもないという毅然とした態度とその覚悟が要求されることとなろう。それらを伴わない上辺だけの平和的解決の追求では、北朝鮮の大量破壊兵器保有の単なる容認と同義であるとみなされるか、或いは逆に、日韓両国を「人質」とした更なる瀬戸際外交の「担保」として利用されるのが関の山であろう。

日朝首脳会談は、「脅威を振りまく危険な隣人」である北朝鮮を、将来の「責任ある国際社会の一員」へと変えていき、国交のない敵対関係にある北朝鮮との間で、相互信頼に基づいた協調関係を造り上げていくための一つの契機を提供するものであった。それは日本だけにとどまらず、朝鮮半島と北東アジアにとっても、平和と安定を築いていく上での一つのステップとなり得るものであった。日本外交は、そうした流れを作り出すことに成功し、平和で安定した北東アジアの安保秩序を造り上げていく上で、イニシアティブを発揮するチャンスを手にしたはずであった。

残念ながらその試みは頓挫してしまった。しかし、それでもなお、日本にとっては、「拉致問題」という独自の懸案を抱えながらも、米国、韓国をはじめ中国、ロシアを含む関連諸国との連携の下、北朝鮮が周囲に無用な脅威を与えることのない国際社会の責任ある一員となれるよう関与し続けていくことが、自らの安全にとどまらず、朝鮮半島と北東アジアの平和と安定の構築にも貢献していける、有効かつ確実な方法であることには何ら変わりがないといえよう。

日本には今なお、北朝鮮問題解決の基盤となる日米韓協調体制を堅持していく上でカギを握る「米韓間の調整役」として、また日米韓のコンセンサスを形成する上で、強硬な姿勢を崩そうとしない「米国に対して一定の発言力を保持する存在」として、少なからぬ役割を期待することができるものと考える。「日朝平壌宣言」において、国交正常化後に実施されることで既に合意を見ている「経済協力」は、北朝鮮に決断を促す一つの材料として、日本外交の有力な梃子となり得るものである。北朝鮮問題の解決に「対話と圧力」が必要であるならば、米国とともに「圧力」を加えて一方的譲歩を迫るだけでなく、同時に、北朝鮮が譲歩して、日本との国交正常化を果たすことによって手にすることができる「経済協力」の中味に関しても、国交正常化交渉で「対話」を積み重ねながら、具体的にその内容や規模について協議し、明確に提示すべきものと考える。そうすることによって、梃子としての「経済協力」の効力を高めることができ、また北朝鮮に「政治的決断」を促すインセンティブとしてもその有効性を向上させることができるはずである。日本外交の真価が問われている。

［註］

（1）「民族自尊と統一繁栄のための特別宣言」（一九八八年七月七日）（朝鮮文）。盧泰愚政権による統一政策の基本方針。北朝鮮を「民族共同体」を建設する「同伴者」と規定し、北朝鮮が米国や日本との関係を改善していくにあたって協力する用意があるとした。『盧泰愚大統領演説文集　第1巻』大統領秘書室、一九九〇年、一七六―一七九頁。

（2）日本貿易振興会（ＪＥＴＲＯ）金沢貿易情報センター「韓国の対北朝鮮事業の動向（二〇〇〇年）」(http://www.jetro.go.jp/ove/kan/kor/kor-prk2000.html) 参照。

（3）「ドイツ統一の教訓と朝鮮半島問題」（二〇〇〇年三月九日）（朝鮮文）『金大中大統領演説文集』第三巻、大統領秘書室、二〇〇一年、一五二―一五九頁。

（4）北朝鮮とロシア、中国の間の首脳相互訪問は次の通り。金正日総書記訪中（二〇〇〇年五月）、プーチン大統領訪朝（二〇〇〇年七月）、金正日総書記訪中（二〇〇一年一月）、金正日総書記訪ロ（二〇〇一年七―八月）、江沢民主席訪朝（二〇〇一年九月）、金正日総書記ロシア極東地域訪問（二〇〇二年八月）。

（5）ブッシュ大統領は首脳会談後の共同記者会見で「北朝鮮の指導者に対し、私は懐疑心を持っている」「北朝鮮にはあまりに透明性がない」等と言明した。『朝日新聞』（夕刊）二〇〇一年三月八日。

（6）"President Delivers State of the Union Address" (http://www.whitehouse.gov/news/releases/2002/01/20020129-11.html).

（7）"The National Security Strategy of the United States of America", p.6. (http://www.whitehouse.gov/nsc/nss.pdf).

（8）一年近く前から水面下で接触を持ってきたことは、小泉首相自身が、訪朝計画の発表直後に記者団に語ったほか、訪朝直前の国連総会に出席した際にも記者会見の場で明らかにしている。『朝日新聞』二〇〇二年八月三一日。小泉総理大臣「米国訪問及び第五七回国連総会出席内外記者会見」（二〇〇二年九月

一二日）(http://www.mofa.go.jp/mofaj/kaidan/s_koi/usa_02/naigai.html) 参照。

（9）水面下で行われた日朝間の非公式折衝の経緯については、平松賢司「総理訪朝と日朝平壌宣言署名への道」『外交フォーラム』第一七三号（二〇〇二年一二月）、二三―二九頁に詳しい。平松氏は当時外務省北東アジア課長。

（10）「日朝平壌宣言」はその第二項において、無償資金協力、低金利の長期借款供与、国際機関を通じた人道主義的支援等の経済協力の実施、及び国際協力銀行等による融資、信用供与等の実施について言及し、その具体的規模と内容については国交正常化交渉において協議すると規定したほか、植民地支配をめぐる財産と請求権の相互放棄の原則を確認し、在日朝鮮人の地位に関する問題、及び文化財の問題についても国交正常化交渉において協議すると既定している。「日朝平壌宣言」（二〇〇二年九月一七日）(http://www.mofa.go.jp/mofaj/kaidan/s_koi/n_korea_02/sengen.html) 参照。以下の引用も全てこれによる。

（11）小泉首相は訪朝前、拉致問題進展の感触について問われ、「私はこの拉致問題を棚上げにして国交正常化はあり得ないことを何度も発言しており、そういう中で北朝鮮側が会談に応じてくるということ自体、何等かの誠意ある対応がなされるのではないか、またなされなくてはならないと思って会談に臨むつもりである」と述べている。前掲「米国訪問及び第57回国連総会出席内外記者会見」参照。また、平松賢司外務省北東アジア課長（当時）も、訪朝決断へと至る過程において、水面下の交渉を重ねる中で、北朝鮮側にいくつか譲歩の兆しが見え始め、首脳会談を開けば拉致問題を含む懸案事項に進展が見られるという見通しが開けてきていたことを認めている。前掲「総理訪朝と日朝平壌宣言署名への道」、二七頁。

（12）日朝首脳会談終了直後の平壌における小泉首相の記者会見、「小泉総理大臣会見要旨」（二〇〇二年九月一七日）(http://www.mofa.go.jp/mofaj/kaidan/s_koi/n_korea_02/summary.html) 参照。

（13）非公式な謝罪としては、ビルマ公式訪問中の全斗煥大統領一行を狙った北朝鮮軍人による爆弾テロ事件である「ラングーン事件」（一九八三年一〇月）について、金日成主席が中国を通じてビルマに遺憾の意を伝えたとされる事案のほか、北朝鮮特殊部隊による武装ゲリラ事件である「青瓦台襲撃事件」（一九六八年一月）について、金日成首相が後に特使として平壌を秘密訪問した韓国の李厚洛中央情報部長に対して謝罪したとされる事案がある。

（14）前掲「小泉総理大臣会見要旨」（二〇〇二年九月一七日）参照。

（15）小泉首相は訪朝の目的について、「正常化交渉の再開に入れるのかどうか、その可能性を直接話し合うことによって見出すために行く」、「金正日総書記が日本との国交正常化に取り組む意志があるのか否か、首脳同士の率直な対話を通じて見極めるために会談に臨む」と述べている。小泉総理大臣「ヨハネスブルグ・サミット内外記者会見」（二〇〇二年九月三日）（http://www.kantei.go.jp/jp/koizumispeech/2002/09/03press.html）、及び、訪朝計画の発表直後、首相が記者団に語った内容、福田官房長官の会見内容（『朝日新聞』二〇〇二年八月三一日）参照。

（16）前掲「小泉総理大臣会見要旨」（二〇〇二年九月一七日）参照。

（17）「日朝国交正常化交渉第一二回本会談（評価と概要）」（二〇〇二年一〇月三一日）（http://www.mofa.go.jp/mofaj/area/n_korea/abd/nego12_gh.html）参照。。

（18）日朝国交正常化交渉に関する関係閣僚会議「日朝国交正常化交渉に関する基本方針」（二〇〇二年一〇月九日）（http://www.kantei.go.jp/jp/singi/nittyo/kettei/021009kihon.html）参照。

（19）「朝鮮半島の非核化に関する共同宣言」（一九九二年一月二〇日）（朝鮮文）。第3項に「南北は核再処理施設とウラン濃縮施設を保有しない」と明記されている。（http://www.unikorea.go.kr/kr/unipds_agreement.php）

（20）前掲「小泉総理大臣会見要旨」（二〇〇二年九月一七日）参照。

（21）ibid., "The National Security Strategy of the United States of America", p.14.

（22）北朝鮮外務省代弁人は、朝鮮中央通信記者が提起した質問に答える形で、「この会談で中国側は場所提供国としての役割を果たすこととなり、核問題解決に関わる本質的な問題は朝米双方の間で論議される」、「主催国である中国が司会を務めた朝米間の核問題に関する会談が進行された」などと述べている。「朝米会談が開かれることに関する問題への言及」（平壌四月一八日発、朝鮮中央通信）（朝鮮文）（http://www.kcna.co.jp/beijinghoidam/b-04-18.html）、及び、「北京会談で新しくて寛大な解決方途を提示」（平壌四月二五日発、朝鮮中央通信）（朝鮮文）（http://www.kcna.co.jp/beijinghoidam/b-04-25.html）参照。

（23）九三年の北朝鮮核危機当時、中国は南北が合意した「非核化共同宣言」を支持する形で朝鮮半島の非核化支持の立場を消極的に表明したにとどまり、国際社会が中国に期待した北朝鮮に対する影響力そのものを否定した。

（24）米韓首脳会談後の「韓米首脳共同声明」（二〇〇三年五月一四日）（朝鮮文）参照（http://www.mofat.go.kr/ko/news/issue_view.mof?seq_no=192&b_code=issue&total_record=232&page=167&search=）。

（25）「日米首脳会談の概要」（二〇〇三年五月二六日）参照（http://www.mofa.go.jp/mofaj/kaidan/s_koi/us-me_03/us_gh.html）。

（26）「日韓首脳共同声明」（二〇〇三年六月七日）（http://www.mofa.go.jp/mofaj/kaidan/yojin/arc_03/j_k_seimei.html）、及び「日韓首脳会談後の共同記者会見（要旨）」（二〇〇三年六月七日）（http://www.kantei.go.jp/jp/koizumispeech/2003/06/07press.html）参照。

（27）小泉首相は、二〇〇三年四月末のヨーロッパ訪問から六月初の「エビアン・サミット」にかけて一連の首脳外交を積極的に展開し、英国、スペイン、フランス、ドイツ、ギリシャ（EU議長国）、米国、ロシア、中国の首脳とそれぞれ会談を持った。「北朝鮮問題」については、核問題だけでなく拉致問題の重要性についても説明し、それらの問題を包括的に取り上げていくことについて各国の理解と支持を得ることに成功した。

（28）日米首脳会談後の共同記者会見（二〇〇三年五月二三日）の内容は以下を参照。"President Bush Meets with Japanese Prime Minister Koizumi" (http://www.whitehouse.gov/news/releases/2003/05/20030523-4.html).

[執筆者紹介]

**菅英輝**（かん・ひでき）
1942年12月25日生まれ。
九州大学比較社会文化研究院教授。
著書：『アメリカ20世紀史』（秋元英一との共著）東京大学出版会、2003年。『米ソ冷戦とアメリカのアジア政策』（単著）ミネルヴァ書房、1992年。『アジア太平洋の地域秩序と安全保障』（共編著）ミネルヴァ書房、1999年。

**李弘杓**（Lee　Hong-Pyo）
1953年4月20日生まれ。
九州大学法学研究院助教授。
著書：『中国の海洋戦略と北東アジアの安全保障』（編著）韓国海洋戦略研究所、2003年。『東アジア協力の政治経済』（編著）世宗研究所、1997年。 Korea and China in a New World, edited with Ilpyong J. Kim (The Sejong Institute, 1993).

**スコット・スナイダー**（Scott Snyder）
1964年11月28日生まれ。
アジア財団および戦略国際問題研究所（CSIS）パシフィック・フォーラム上級研究員。
著書：Negotiating on the Edge: North Korean Negotiating Behavior (U.S.Institute of Peace Press, 1999). Paved WithGood Intentions: The NGO Experience in North Korea, edited with L. Gordon Flake (Praeger Press, 2003). その他論文多数。

**文首彦**（Moon　Soo-Eon）
1948年9月9日生まれ
崇實大学政治・国際関係学部教授
著書：『ロシア政治の理解』（単著）ナナム出版、1995年。論文「ミサイル防衛システム構築に対するロシアの対応」『スラブ研究』（韓国スラヴ研究学会、2002）ほか。

**奥薗秀樹**（おくぞの・ひでき）
1964年 7月 4日生まれ。
静岡県立大学大学院 国際関係学研究科助手・現代韓国朝鮮研究センター 研究員。
論文：「朴正煕のナショナリズムと対米依存 —『軍事革命政府』による『自立』の追求—」日本国際政治学会編『国際政治』126号（2001年2月）。「朝鮮戦争と李承晩—軍部の膨張と政軍癒着」静岡県立大学国際関係学部編『国際関係学双書17　制度と逸脱』（静岡県立大学、2000年）ほか。

朝鮮半島　危機から平和構築へ

2004年4月30日　初版第1刷発行

編　者──菅　英輝
発行人──松田健二
発行所──株式会社 社会評論社
東京都文京区本郷2-3-10お茶の水ビル
TEL.03-3814-3861/FAX.03-3818-2808
http://www.shahyo.com
印　刷──互恵印刷
製　本──東和製本

Printed in Japan　ISBN4-7845- 1437-6